ne d'Eguisheim» 2005,

iottes

Crême gl... ...11

Tête de veau

outé de cresson

gevrey-chambertin «Les Cazetiers

Sorbet à l'abricot Émincé de Saint-Jacques crues

violnay «Les Champans» 1998

poché avec

Jambon P

Lotte rôtie sur arêtes Paté en croûte

Combettes» 1998, Louis Carillon

vapeur et de

Tour du Bon

riesling «les Écaillers» 2003, Léon Beye

n croûte Cornas 1998, Paul Jaboulet Sorbet à

gras de canard

ANTOINE WESTERMANN

CUISINE-MOI DES ÉTOILES !

Directrice de collection : Patricia Grunler

Conception et réalisation éditoriale : Pom Bessot
Photographies : Marie Clérin
Conception graphique : Passe Moi Le Sel
Coordination éditoriale : Mélincia Pecnard

23, rue du Cherche-Midi, 75006 Paris.

Vous pouvez consulter notre catalogue général
et l'annonce de nos prochaines parutions
sur notre site Internet : cherche-midi.com

Avec la complicité
gourmande de Jean Orizet

ANTOINE WESTERMANN

CUISINE-MOI DES ÉTOILES !

le
cherche
midi

À Louis-Michel Colla qui a rendu ce livre possible

À Viviane, de tout cœur, ma profonde et sincère reconnaissance pour avoir été à mes côtés tout au long de mes années Buerehiesel.
À Sergio Gombia, le maître d'hôtel le plus génial qu'il m'a été donné de rencontrer.
À Jean-Marc Zimmermann qui a été mon plus fervent compagnon sur les sentiers des vignobles.
À Antony Clémot, mon plus fidèle compère et associé…
À Pat qui m'accompagne dans mes nouveaux projets avec dynamisme et complicité !

Sans oublier les cuisiniers qui m'ont accompagné dans les étoiles…
Pierre Basso-Moro, Enrico Crippa, Yves Decker, Valère Diochet,
Martin Fleischmann, Alain Kleinbeck, Emmanuel Lambelin, Marc Langenfeld,
Marc Le Ouedec, Emmanuel Lercher, Pierre Ludwig, Maxime Luvara,
Hubert Maetz, Franck Marquez, Sylvain Nouin, Philippe Obrecht,
Sébastien Pfeiffer, Éric Pras, Christian Sinicropi, Vincent Thierry,
Fabrice Thouret, Wimm Van Gorp, Michael Wolff, Jean-Claude Ziegler…
et ceux qui m'accompagnent aujourd'hui…
Frédéric Crochet, Vincent Farges, Thomas Faudry, Christophe Marque.

SOMMAIRE

D'une complicité gourmande

Le texte de ce livre, à l'exception des encadrés et des recettes du chef, est la transcription de douze entretiens que j'ai eus avec Antoine Westermann de mars à décembre 2008. Selon la bonne vieille maïeutique socratique, j'ai tenté de libérer la parole de ce grand cuisinier pudique et réservé de nature.

Nous avons dialogué dans un climat d'amicale complicité. Chaque entretien était précédé d'un déjeuner arrosé de crus choisis, ce qui avait le mérite de créer une réelle euphorie et de nous mettre, l'un et l'autre, en confiance. Du même coup, c'était l'occasion pour moi de goûter la remarquable cuisine du nouveau Drouant. La composition de ces repas est indiquée en tête des chapitres.

Ces pages n'ont aucune prétention littéraire. Elles se veulent, en revanche, le fidèle reflet, mis en forme écrite, des propos tenus par Antoine Westermann en réponse à mes questions. On verra combien le parcours de ce grand chef a été singulier, tenace et inspiré. On comprendra mieux, je l'espère, ce qui fait la différence entre un bon cuisinier et un virtuose des saveurs.

On aimera, enfin, vivre la passion, racontée par lui-même, d'un enfant d'Alsace issu d'une famille d'artisans, qui a su s'élever au niveau des plus grands de sa profession. J'ai eu beaucoup de plaisir, je l'avoue, à me faire l'intercesseur gourmand d'Antoine

Westermann. Mais cela ne m'étonne guère : je me suis souvenu que, pendant vingt ans, de 1980 à 2000, à côté de mon activité d'éditeur et d'écrivain, j'ai pratiqué, comme violon d'Ingres, mais en étant membre de l'Association française de la presse gastronomique et touristique, l'art de la chronique pour la revue *Demeures et Châteaux*.
À ce titre, j'ai visité les grandes tables et les relais et châteaux de France et de Navarre, dialoguant – je les cite par ordre alphabétique pour éviter toute préséance – avec les Barbot, Bardet, Barrier, Blanc, Bocuse, Boyer, Chapel, Chavant, Constant, Coutanceau, Daguin, Ducasse, Dutournier, Haeberlin, Lameloise, Lenôtre, Lorain, Martin, Meneau, Pacaud, Robuchon, Rostang, Savoy, Senderens, Troisgros, Vié, et quelques autres de la même farine.
Je ne puis oublier les grands chefs de maison que furent René Lasserre, Claude Terrail (La Tour d'argent), Julien François (Nicolas), Marcel Trompier (La Marée) et Jean-Claude Vrinat (Taillevent), disparu bien trop tôt. Mes rencontres avec ces grands professionnels, hommes toujours affables et d'une exquise urbanité, sont gravées dans ma mémoire.
À ce tableau d'honneur personnel, il manquait Westermann, Dieu sait pourquoi. L'absence est réparée. En plus, Antoine est devenu un ami. J'en suis heureux et comblé.

Jean Orizet

Le Prince et l'enfant
Conte

Une nuit qu'il dormait dans sa grande maison d'Alsace, l'enfant fit un rêve qui serait vite récurrent. Il se trouvait en présence du Prince des cuisiniers auquel il demandait : « Cuisine-moi une étoile. » C'est que l'enfant – il avait 7 ans à peine – ne pensait qu'à une chose : devenir cuisinier. Chaque jour, au retour de l'école, l'odeur des bons plats que préparait sa mère l'emmenait au septième ciel, là où brillent des millions d'étoiles. Ainsi, tout naturellement, l'association entre la cuisine et les étoiles s'était-elle faite dans l'esprit de l'enfant. Voilà pourquoi lorsqu'il se trouva en rêve, face au Prince des cuisiniers, il lui présenta son étrange requête. Pour cet enfant, une étoile était, avec la cuisine, la plus belle chose au monde. S'il parvenait à convaincre le Prince de marier la cuisine et l'étoile, il saurait, pensait-il, en faire son miel. Le Prince consentit à exaucer le souhait de l'enfant mais il posa trois conditions : « Quand je t'aurai cuisiné une étoile, tu pourras, en t'appliquant, réussir à la cuisiner toi-même, mais tu ne pourras le faire qu'une fois. Ensuite, tu devras inventer, seul, d'autres étoiles. Cela est la première condition. Quand tu auras goûté la saveur de ta première étoile, tu devras la faire partager aux autres autour de toi ; telle est la deuxième condition. Et voici la troisième : si un jour tu parviens à cuisiner plusieurs étoiles avec un égal bonheur, il ne faudra jamais t'arrêter en chemin ; la cuisine des étoiles est infinie. Tu devras poursuivre la quête jusqu'au jour où tu rencontreras quelqu'un ayant la même passion que la tienne. Alors tu devras suivre mon exemple et lui enseigner à cuisiner une étoile à son tour. »

L'enfant promit de respecter les trois conditions et le Prince, en retour, lui cuisina sa première étoile.

Quand l'enfant s'éveilla, il descendit à la cuisine et demanda la permission à sa mère de préparer un plat. Ce fut le début de son apprentissage.

Devenu adolescent, l'enfant qu'il était resté continua de retrouver en rêve le Prince des cuisiniers, lequel poursuivit son enseignement, se félicitant des progrès de son élève. Parvenu à l'âge adulte, le chef connut une grande notoriété. On venait à lui du monde entier pour goûter sa cuisine céleste.

Curieusement, il cessa de voir le Prince en rêve. D'abord, il s'en inquiéta, puis il comprit, à la fin, qu'il était devenu le Prince.

Jean Orizet

Historique de Drouant

Au XVIIe siècle, la porte Gaillon était percée dans l'enceinte de Louis XIII, mais elle laissa vite place aux Grands Boulevards du baron Haussmann. En 1880, Charles Drouant, jeune Alsacien venu tenter sa chance à Paris, ouvre un bar-tabac à l'angle des rues Saint-Augustin et Gaillon. C'était un concept très moderne pour l'époque. Très vite, il va transformer son commerce en bistrot, en proposant de beaux plateaux d'huîtres et de crustacés dont la réputation commencera d'attirer une clientèle d'artistes et d'écrivains, comme les Daudet, Renoir, Rodin, Pissaro. Drouant devient une adresse parisienne incontournable. Dès 1885, un groupe d'amis écrivains, journalistes et artistes, décide de choisir Drouant pour y tenir son dîner hebdomadaire du vendredi. Parmi eux se trouvent Octave Mirbeau, les frères Rosny (auteurs de la célèbre *Guerre du feu*), Paul et Georges Clemenceau, Edmond de Goncourt, Toulouse-Lautrec et Claude Monet.

Vingt-neuf ans plus tard, le 31 octobre 1914, l'académie Goncourt se réunissait pour son premier déjeuner chez Drouant. Une autre académie, de poètes celle-ci, allait voir le jour chez Drouant, le 19 février 1937 : l'académie Mallarmé, sous l'égide de Paul Valéry. Entre-temps, Charles Drouant a agrandi son restaurant en rachetant la boutique mitoyenne, l'ancienne boucherie Flesselles, connue sous le second Empire pour fournir le bœuf gras. Il rachète aussi toutes les caves des maisons voisines.

Au début de la Première Guerre mondiale, Charles Drouant prépare déjà sa succession. Il envoie un de ses quatre fils, Jean, en apprentissage dans les meilleurs établissements d'Angleterre, d'Allemagne et d'Amérique.

En 1923, Charles Drouant décide de revoir l'organisation de son restaurant. Il fait appel à Louis-Hippolyte Boileau, architecte qui a construit le Bon Marché et le Lutetia. Pour la décoration, ce sera Jacques-Émile Ruhlmann qui s'en chargera. Ces deux artistes créent un large escalier avec une magnifique rampe en fer forgé et redécorent l'ancien café en le dotant d'un plafond en staff doré orné de poissons, de coquillages et de crustacés, éclairé par des appliques en forme de dauphins.

Jean Drouant, fils de Charles, après avoir fait son apprentissage, prend peu à peu les rênes de la maison qu'il dirigera jusqu'en 1945. Il sera très actif dans la profession, présidant le syndicat des restaurateurs pendant dix ans et fondant la première école hôtelière de Paris, qui porte encore son nom. Entre-temps, il a fusionné Drouant au sein d'un groupe qui compte le Fouquet's, le Pré Catelan, le casino d'Ermenonville, le Café de Paris, le Pavillon Royal et la restauration du champ de courses d'Auteuil. À partir de 1946, Drouant sera géré par un autre Jean Drouant, le deuxième du nom, qui est le neveu du fils de Charles.

En 1976, Jean Drouant décide de se séparer des restaurants de son groupe. Il cède Drouant à Robert Pascal, qui est entré dans la maison au rang de commis, et où il travaille depuis plus de quarante ans. En 1986, Robert Pascal cède à son tour le fonds de commerce au groupe Elitair qui fera de nouveaux travaux. Drouant continuera de la sorte au cours des années suivantes.
Le 5 novembre 2005, Antoine Westermann devient le cuisinier et le propriétaire de Drouant. Comme son fondateur, Charles Drouant, il est alsacien et très actif lui aussi dans la profession puisqu'il sera, de 1998 à 2001, président de la Chambre syndicale de la haute cuisine française et qu'il siège, depuis 1996, au CRÉA (Centre de recherches et d'études pour l'alimentation). Il existe, en plus, des liens de famille entre les Drouant et lui. Cette fois, la relève est assurée.
Le célèbre restaurant de la place Gaillon a retrouvé son lustre d'antan.

6 MARS

Velouté de cresson

châteauneuf-du-pape 1999,
Domaine Perrin

Tête de veau

gevrey-chambertin « Les Cazetiers »,
Domaine Armand Rousseau

Sorbet aux griottes

L'ENFANCE D'UN CHEF

La première question que tout naturellement on souhaite poser à un grand chef est : comment devient-on cuisinier ? Quelle est la part de l'inné et celle de l'acquis dans un tel accomplissement ?

Dès l'âge de 8 ans, c'était en 1954, j'ai su que je deviendrai cuisinier. Le milieu familial est pour beaucoup dans cette conviction : chez nous, ma mère, Cécile, était en cuisine pendant la semaine, et le dimanche, mon père, Jean, prenait le relais. « Chez nous », cela voulait dire la maison familiale de Wissembourg, en Alsace, où je suis né en 1946, avant-dernier d'une famille de quatre enfants. Quand je rentrais de l'école, mon plus grand plaisir, à peine poussée la porte du hall d'entrée, consistait à deviner le plat que ma mère mijotait. Je montais doucement l'escalier et, parvenu à l'étage, j'étais sûr d'avoir identifié ce qu'on allait manger.

Dès cet instant, il fallait absolument que maman me permette de goûter. Un de ses plats de prédilection était le rôti de veau. Personne, jamais, n'a fait un rôti de veau aussi bon que celui de ma mère. Elle ne mettait ni vin ni fond de sauce. C'était simplement le meilleur veau qu'elle avait pu trouver, qu'elle avait bien saisi, avec des sucs caramélisés au fond de la cocotte, un oignon, une carotte et une gousse d'ail. Elle déglaçait le tout avec un verre d'eau et laissait mijoter. Deux pieds de veau et un os de veau donneraient au jus la consistance appropriée. Ni épices ni herbes ni quoi que ce soit.

Elle nous servait ce rôti avec une purée de poireaux et de pommes de terre. Comme les enfants aiment à le faire, je creusais un puits dans ma purée pour y verser le jus. C'était chaque fois un grand moment de bonheur. Rien de compliqué dans cette cuisine. Tout l'art résidait dans la manière de saisir puis de déglacer au bon moment pour que le jus trouve la bonne texture et le juste goût.

De gauche à droite : papa, Madeleine, ma petite sœur, moi, Martine, ma belle-sœur, maman et Odile, ma grande sœur, après un bon repas dominical.

Ma mère avait d'autres recettes favorites : les gratins de pâtes avec du jambon et une fine béchamel, la fricassée de carottes et petits pois avec des girolles, le pâté en croûte, les œufs à la neige, la tarte à la crème. Elle réussissait à merveille aussi une sauce tomate si bonne que je la dégustais comme une soupe avec des noix de beurre dedans, beurre qu'une fermière voisine nous apportait avec des œufs frais chaque samedi soir. Heureux moments, heureux souvenirs !

Ce bonheur simple éprouvé dès l'enfance a été capital pour moi dans la suite de ma vie parce que j'ai toujours pu m'y ressourcer. La première chose qui comptait était d'être à table, d'y manger en partageant mon plaisir avec les miens. Le goût de cuisiner viendrait après.

Dans ces années d'enfance, je ne pouvais m'approprier la cuisine qu'en dehors des heures où mes parents y travaillaient. Le moment idéal était celui du goûter. Ma gourmandise naturelle me conduisait à confectionner des douceurs comme le riz au lait, le flan, le pudding ou la crème pâtissière. Je commençais de la sorte à mettre au point des recettes comme la crème de semoule avec des compotes de fruits de saison : compote de fraises, de myrtilles, d'abricots.

Curieusement, ma mère, qui me savait dans sa cuisine, ne souhaitait pas que je devienne cuisinier. Elle me voyait plutôt ingénieur. Quand j'évoquais avec elle, entre 8 et 10 ans, mon envie d'être chef de cuisine, elle ne manquait aucune occasion de me montrer des articles, découpés dans la presse, où l'on parlait défavorablement de ce métier qui, selon elle, était ingrat, dur, et ne conférait aucun prestige. Il en allait tout autrement pour mon père. Le jour où il apprit ma vocation de cuisinier, il fut le plus heureux des hommes.

Si je comprends bien, la part de l'inné a été importante dès le début et ton véritable apprentissage a commencé dans la cuisine familiale tantôt avec ta mère, tantôt avec ton père.
À ce propos, ils avaient des personnalités très différentes. Curieusement, tu as été encouragé par l'un et plutôt découragé par l'autre.

Oui, ils étaient très différents. Si ma mère était la mesure même, mon père faisait tout en grand. Gros mangeur devant l'Éternel, sa cuisine était à son image. Il aimait les plats en sauce à base de vin, et pour lui le produit primait tout : s'il ignorait la provenance du chevreuil ou du lièvre, il s'abstenait. Dans le cas contraire, pour réaliser son civet, il ne lui fallait pas moins de trois ou quatre bouteilles d'un des meilleurs vins rouges de sa cave.

Quand papa se rendait chez le boucher, et qu'il fallait acheter pour six, il achetait pour douze. Chez le charcutier, il goûtait tous les produits avant de les acquérir en quantité à la mesure de sa gourmandise.

Il possédait l'art des hors-d'œuvre et celui de préparer la vinaigrette, assaisonnant comme personne les salades de pommes de terre, le pot-au-feu, les salades vertes et les crudités !

Il adorait préparer les salades de museau de bœuf et celles de tripes. Parmi ses autres spécialités, il y avait la volaille farcie, les civets de tous gibiers, le baba au rhum et les crêpes flambées au kirsch.

Dans la famille Westermann, chaque dimanche était une fête orchestrée par mon père à qui ma mère abandonnait le terrain, sauf pour les desserts. Après l'église et l'autel, la famille se retrouvait à la maison autour de la table : mon père, ma mère et les quatre enfants. Le repas se prolongeait jusqu'aux vêpres et reprenait dès celles-ci terminées.
Pour ma part, je rôdais sans cesse en cuisine, goûtant chaque plat, chaque sauce, chaque dessert. Quand le dimanche touchait à sa fin, une tristesse m'envahissait et je songeais déjà au dimanche à venir.

De savoir que j'avais la vocation de cuisinier me valait, de la part de mon père, un privilège particulier : avant le repas dominical, il s'enfermait avec moi dans la cuisine et il préparait pour nous deux un foie de lapin poêlé. Je voyais dans ce geste une grande preuve de confiance à mon égard.

Ainsi, mon père sut-il, dès ma préadolescence, m'encourager dans ma vocation. Pour autant, le fait de savoir que son fils allait devenir cuisinier n'était pas une fin en soi. Pour lui, le vrai but à atteindre était : un jour, mon fils aura son restaurant. Voilà ce qui lui importait. Sans doute parce qu'il aurait voulu faire ce métier au lieu de devenir artisan plâtrier peintre. Alors il se disait : « Quand mon fils aura son restaurant, je pourrai être à côté de lui dans les cuisines et vivre enfin ma passion. » Et c'est bien ce qui se produira.

Est-ce que tu dirais que tes années d'apprentissage, pour reprendre l'expression de Goethe, ont été singulières, ou peuvent-elles se comparer à celles de certains confrères dont tu connais le parcours ?
À ma connaissance, la plupart d'entre eux ont appris le métier auprès des « grands » chez lesquels ils ont passé plus ou moins de temps, après avoir appris les bases du métier dans une école hôtelière et en préparant un CAP de cuisinier.

La découverte de la cuisine auprès de ma mère et de mon père fut, certes, déterminante. Mais après l'apprentissage familial, il fallait passer au stade professionnel. Ce sera pour moi le buffet de la gare de Strasbourg, après un passage à l'école hôtelière et un CAP de cuisinier. À l'époque, le buffet de la gare était une « adresse », une belle table de cuisine bourgeoise. Mes copains du moment, qui étaient sur les mêmes bancs que moi, avaient eu, pour certains d'entre eux, la chance d'apprendre dans de grandes maisons. Quand je les entendais parler de ce qu'ils cuisinaient, j'avais l'impression d'être sur une autre planète. Un jour, un ami de mon père lui avait dit : « Mets donc ton fils au buffet de la gare de Strasbourg, il y a un bon chef. » Je savais que ma mère, hostile à ma vocation, se disait secrètement : « Ce n'est pas possible que mon fils aille travailler au buffet de la gare. Il ne tiendra pas le coup et se dirigera vers autre chose de plus digne de lui. »

Papa et son « amour »
de dinde de Noël.

C'était mal me connaître ! Mais c'est vrai que la vie quotidienne était dure et les conditions matérielles difficiles. Nous étions logés à plusieurs dans une soupente mal chauffée. Ce fut pour moi une réelle fierté quand, à ce même buffet de la gare, on me demanda – j'avais alors 15 ans et j'étais apprenti – de remplacer un commis de 22 ans qui venait de partir.

J'avais rêvé, bien sûr, d'entrer dans la cuisine d'un grand. En Alsace, c'était Paul Haeberlin, le maître incontesté ! Mais cela ne se produisit pas. Mon père continuait de m'encourager. S'il adorait la bonne chère, il ne fréquentait pas les grands restaurants où l'on sert des mets compliqués ou chers comme le turbot ou le caviar. Pour lui, un bon restaurant, c'était là où on mettait les pieds sous la table et où les plats étaient bien cuisinés. À la grande cuisine, il préférait la bonne cuisine, comme celle que l'on servait au buffet de la gare de Strasbourg.

De la sorte, entre ma vie de jeune garçon dans la maison de mes parents et ma vie d'apprenti cuisinier, existait une certaine logique. Au buffet de la gare, il y avait un chef, des chefs sauciers, des rôtisseurs qui m'enseignaient ce qu'était la bonne et simple cuisine. J'y ai appris les bases de mon métier, cette sorte de solfège qui prélude nécessairement à toute musique.

Je me suis aussi rendu compte, à ce moment-là, que les choses préparées le plus simplement étaient souvent les plus difficiles à réaliser. J'ai pris conscience que la cuisine qu'on voulait me faire assimiler était technique, rationnelle, calculée, alors que mes souvenirs de table n'étaient que générosité.

À mon premier retour d'apprentissage, j'ai commandé à maman une montagne d'os de veau pour préparer mon fond de base. Malgré tous mes efforts, je ne parvenais pas à donner le goût simple et juste du rôti de veau qu'elle préparait.

Plus tard, ma quête de cuisinier professionnel consisterait d'abord à retrouver ces goûts. J'étais incapable de dissocier la qualité des produits des plats et de l'amour qu'on partageait ensuite à table. À chaque retour à la maison, mes parents étaient à mon écoute et s'efforçaient de me procurer les produits que je demandais pour mettre en œuvre ce que j'apprenais.

Ainsi ai-je peaufiné quelques recettes qui me tenaient à cœur comme les filets de sole sauce aux crevettes et aux champignons, la darne de saumon sauce hollandaise, le homard à l'armoricaine, que je cuisinais spécialement pour ma mère qui adorait ce plat, les coquilles Saint-Jacques à la crème et au vin blanc, les truites farcies aux légumes.

Tu disais avoir rêvé d'entrer chez Paul Haeberlin mais sans succès. Tu as donc pris un autre chemin. Mais tu avais quand même compris qu'il fallait dépasser la bonne cuisine familiale, ménagère, pour arriver à un stade supérieur, en ajoutant ce qu'en littérature on appelle un « supplément d'âme », tout en privilégiant le produit.

Oui, j'ai eu la chance de suivre une voie qui était tracée dans la simplicité avec le respect des produits. Puis à un moment donné, je me suis rendu compte que cela ne suffisait pas. Il fallait greffer là-dessus un peu de talent, un peu de génie si possible, et surtout s'ouvrir sur le monde extérieur, aller voir ce qui se faisait ailleurs.

Il y avait la cuisine de ma maman, bien sûr, mais autour de moi, il existait toutes sortes de cuisines différentes. Il y avait les grands chefs chez qui j'avais rêvé d'aller. Mais à quelque chose, malheur est bon. D'avoir fait mes gammes à partir d'une cuisine simple m'a évité d'être imprégné ou influencé par un style, le style d'un grand chef.

Mais je comprenais qu'il m'était devenu indispensable de dépasser la bonne cuisine familiale, ménagère ou bourgeoise, pour arriver à ce que j'appelle une cuisine de fête, celle que j'essaie de faire tous les jours aux clients qui me font l'honneur de venir dans ma maison. Et comme je suis un *faiseur de fête*, il fallait à un moment donné que je change de braquet – c'est le langage du cycliste que je suis – pour que des gens à table, de temps en temps au moins, soient un tout petit peu étonnés par ce qu'ils ont dans leur assiette, et qu'ils en éprouvent de l'émotion.

Après trois ans (1960-1963) au buffet de la gare de Strasbourg, j'ai continué d'apprendre mon métier dans différentes maisons en France et en Allemagne, et ce jusqu'en 1970. J'avais commencé d'envoyer mon CV à différents établissements, mais chaque fois la préférence était donnée à ceux qui avaient appris dans les grandes maisons. Alors, j'ai décidé de tirer un trait sur le compagnonnage recommandé par notre métier et je me suis dit que la seule façon de me prouver que je savais faire la cuisine était de m'installer, d'avoir ma propre maison pour y exercer mon talent, si talent il y avait.

J'étais curieux de tout. Je lisais toutes sortes d'ouvrages culinaires. J'étais avide de connaissance, de découverte. Avec mes économies, je m'offrais des repas dans les plus grands restaurants de France où je débarquais de ma 2 CV.

C'est ainsi que je me suis fait moi-même. Je me disais : « Bon, voilà ce que tu sais ; ce n'est pas grand-chose mais cela, tu le possèdes. Il va te falloir instiller cette dose de fantaisie, d'innovation, de poésie, qui te distinguera des autres. » Un restaurant était à vendre dans le parc de l'Orangerie à Strasbourg. Mes parents m'ont proposé de me soutenir en hypothéquant la maison familiale de Wissembourg. Quelle belle preuve de confiance ! Grâces leur soient rendues. J'allais pouvoir m'installer dans ce qui est encore aujourd'hui le Buerehiesel, réaliser mon rêve d'enfant : être cuisinier en étant maître à bord.

De gauche à droite : Martine, ma belle-sœur, moi, maman, papa et ma grand-mère maternelle « Mamama ». Un des premiers repas que je confectionne pour ma famille pendant mon apprentissage.

18 MARS

Asperges blanches et vertes

Saint-jacques rôties

meursault « Les Perrières » 1997,
Michel Bouzereau

Crème brûlée

L'AVENTURE DU BUEREHIESEL, LA MAISON SOUS LES ÉTOILES

Je voudrais maintenant que tu nous parles de cette magnifique aventure que fut pour toi l'acquisition du Buerehiesel. Et d'abord, que signifie ce nom alsacien ?

Buerehiesel signifie « maison paysanne ». Celle-ci était une vieille demeure alsacienne à colombages construite au XVIIe siècle dans la région de Molsheim.

Elle avait été transportée en pièces détachées puis reconstruite au milieu d'un parc de Strasbourg au début du siècle dernier, pour les besoins d'une exposition industrielle. Cette exposition comptait une vingtaine de pavillons dont cette maison traditionnelle, exemple de l'habitat rural alsacien. L'exposition terminée, tout fut démonté comme c'est généralement le cas, à l'exception de la vieille maison qui allait devenir un restaurant-brasserie dans ce parc de l'Orangerie.

Je me suis installé là en pensant d'abord à mon père, qui avait toujours encouragé ma vocation puis m'avait aidé financièrement à réaliser cette opération. Je me sentais investi de quelque chose de fort : non seulement j'allais pouvoir faire *ma* cuisine sans être tributaire de quiconque, mais aussi me montrer digne de la confiance paternelle. À peine âgé de 23 ans, je me retrouvais chef de cuisine, mais également chef d'entreprise avec la responsabilité de « faire tourner la boutique » et de rembourser les emprunts. J'avais l'insouciance de la jeunesse mais aussi la détermination de réussir.

Raconte-nous les détails de ta première visite et ton premier service au Buerehiesel. Cela ne manquait pas de piquant, semble-t-il ?

Je n'oublierai jamais ma première visite au Buerehiesel. C'était un soir de novembre 1969. Dans la salle, il y avait en tout et pour tout deux clients. Ils étaient attablés devant un énorme plat de frites et buvaient du vin rouge dans des bouteilles étoilées,

Un retour de marché, juste avant le coup de feu (à l'époque de la première étoile).

du gros rouge en somme. J'étais accompagné de ma femme et nous pensions voir les patrons. On les a demandés puis on a commandé un plat. Il était huit heures et demie, neuf heures moins le quart; nous avions l'impression que tout le monde dormait, du chef aux patrons, et c'était le cas.

La patronne est arrivée en robe de chambre pour nous accueillir. On a sympathisé malgré le côté un peu incongru de ce premier contact. Les négociations ont commencé ainsi et, en février 1970, j'achetais la boutique.

À l'époque, la maison pouvait accueillir soixante à soixante-dix couverts, ce qui était relativement important. Il me fallait donc un peu de monde. Midi et soir, je faisais le service et m'occupais des clients. J'avais un apprenti et deux commis. Ma femme était en salle. Une chose était sûre à mes yeux : si je voulais rembourser les emprunts contractés pour le fonds de commerce, il était vital de « faire du chiffre ».

Pas plus que ma première visite au Buerehiesel, je n'oublierai mon premier service. J'ai ouvert le restaurant un dimanche. Le changement de propriétaire avait été annoncé. Je constatais avec plaisir que la salle était pleine. La clientèle habituelle, plutôt familiale, du Buerehiesel était au rendez-vous. Mais pour de multiples raisons, le déjeuner s'est prolongé jusqu'à cinq heures et demie. Les clients ont grogné, disant que c'était bon mais qu'ils n'accepteraient plus de rester à table aussi longtemps. Ma satisfaction initiale était quelque peu nuancée. J'ai compris que je devais faire mon apprentissage de maître aubergiste. Il fallait d'abord rafraîchir les lieux, quelque peu fatigués, à l'image des propriétaires. Mon ambition était de faire, au moins au début, une cuisine à base de bons produits, sérieuse et généreuse à la fois, comme je l'aimais alors. Mais très vite je compris que, sans créativité, je ne parviendrais pas à faire le plein de clientèle. Et sans créativité, je ne parviendrais pas à entrer dans les guides. Je savais que sans le soutien des guides, j'aurais du mal à rembourser mes dettes.

Pour l'heure, il fallait revoir la carte de A à Z. Voici quelques exemples des premières recettes que proposait la nouvelle carte du Buerehiesel : tournedos Nicolas (Nicolas était une brasserie parisienne proche de la gare de l'Est dont le propriétaire, Julien François, était aussi président des Restaurateurs de France ; il m'avait accepté dans ses cuisines où j'avais pu découvrir ce qu'était l'organisation d'un tel restaurant, comment on traitait les produits de saison et aussi la gestion d'une grande carte), soufflé de brochet, poussin aux écrevisses, terrine de canard au foie gras, cerises flambées au kirsch avec une glace vanille.

Il m'appartenait désormais de mettre en œuvre ma cuisine personnelle et de la faire apprécier à mes clients. Je me mis à travailler jour et nuit, à faire des centaines d'essais, m'efforçant d'entrer dans la peau du vrai cuisinier que je sentais en moi. Je suis allé me chercher jusqu'au fond des tripes, et j'ai fini par faire naître mon identité propre. Je n'ai jamais tenté de rééditer des recettes vues ailleurs mais de m'inspirer de la mouvance environnante et de la naissance de la nouvelle cuisine.

Te voilà donc volant de tes propres ailes. Je suppose que cela n'a pas été facile. Cette carte qu'il a fallu réinventer ou inventer, comment la voyais-tu ? Envisageais-tu de rester dans une tradition régionale ou voulais-tu innover ?

J'aurais pu rester dans une tradition régionale mais j'avais envie d'échapper à ce carcan. Au début, je faisais une cuisine qui était un peu un mélange de ce que j'avais pu voir et apprendre avant d'être au Buerehiesel. J'avais emmagasiné des recettes de cuisine classique. Ma préoccupation était de trouver la meilleure truite, le meilleur pigeon, le meilleur foie gras. J'avais déjà créé mon style, mais un style correspondant à l'époque. Je me différenciais de ce qui existait dans la région de Strasbourg. Ce n'était pas de la grande cuisine, c'était de la bonne cuisine. Un peu par bravade, j'avais rejeté la cuisine alsacienne comme on renie un premier amour pour m'initier aux cuisines du soleil, plus légères, où crème et beurre étaient beaucoup moins présents. C'est aussi à ce moment-là que m'est venue l'envie de cuisiner des légumes. J'étais en recherche de la justesse des associations de saveurs. Ma grande préoccupation était de se faire succéder dans un même menu plusieurs plats différents et de saveurs différentes. Mais selon un crescendo, comme en musique. Cela n'allait pas de soi.

Exemples de recettes où rien de l'Alsace ne figure : le pigeon farci au foie gras et aux truffes, la croûte de foie gras, la fricassée de ris de veau aux crêtes de coq et girolles, les crêpes au saumon fumé, la terrine de poireaux aux trompettes-de-la-mort à la vinaigrette.

Ces quelques recettes contribueront à l'obtention de ma première étoile Michelin en 1975. Mais avant d'en arriver là, les cinq premières années seront difficiles. Il faut se souvenir que le Buerehiesel était au milieu d'un parc : il fallait d'abord attirer les gens jusque-là.

Viviane et moi. Nous posons fièrement sous la verrière.

Le restaurant avait une grande terrasse où, les après-midi d'été, jusqu'à 300 personnes venaient boire de la bière et de la limonade. Cela ressemblait davantage à une brasserie dans un parc qu'à un restaurant gastronomique. Le tout créait une certaine confusion d'image. Mais j'avais besoin de continuer à vendre de la limonade pour survivre, parce que la limonade, ça rapporte! Et ce fut ainsi pendant cinq ans. En 1975, donc, arrive la première étoile. J'avais 28 ans et cela représentait à la fois un aboutissement, mais aussi le vrai départ. D'un coup, je me situais parmi les 600 meilleures tables de France et cette promotion me confortait dans l'idée que j'avais du potentiel et que, au fond de moi-même, je ne pouvais plus me satisfaire de ce que je faisais jusqu'alors. Cette première étoile m'a sauvé la vie et a facilité les relations avec mes banquiers. Jusque-là, quand je leur apportais l'argent le lundi matin, ils me disaient: « Maintenant, le découvert, c'est fini, on ne peut plus. » La période des vaches maigres était finie.

Évidemment, cette première étoile venait de récompenser tes efforts et ton talent. Mais a-t-elle eu pour résultat de te valoir une nouvelle clientèle et d'améliorer ta situation de manière sensible et tangible?

Dès la première année, j'ai fait 30 % de clientèle en plus. Je considérais cette étoile comme un bâton de maréchal. Enfin, j'étais reconnu dans la région. J'allais pouvoir investir un peu dans la maison. Il fallait moderniser les lieux en faisant des aménagements que je n'avais

Dernier coup d'œil du « douanier avant de lever la barrière » (au passe-plat avant l'envoi en salle).

Balade d'un jeune « deux étoiles » dans Strasbourg.

pu financer auparavant. À chacune des fermetures pour congés, je lançais une tranche de travaux avec de modestes concours bancaires. Peu à peu, j'embellissais le Buerehiesel et prenais de plus en plus confiance en moi.

Par rapport aux autres grandes maisons de la région comme Haeberlin ou Le Crocodile, comment as-tu été perçu par tes confrères après la première étoile ?

Mes confrères étoilés manifestaient plutôt de la sympathie pour ce jeune cuisinier qui arrivait du nord de l'Alsace. Je ne représentais pas un danger pour eux : ils m'acceptèrent donc dans l'antre de la belle restauration alsacienne. Moi, je voulais aller encore plus loin, c'est-à-dire faire mieux pour mes clients, pour ceux qui m'avaient fait confiance, sans forcément penser à la course aux étoiles.

À propos d'étoiles, je me souviens qu'un matin, juste avant d'avoir la première, j'étais assis au bureau et j'entends à la radio : « Le *Guide Gault et Millau* décerne la Clé d'or au restaurant Le Crocodile, à Strasbourg, pour sa fabuleuse cuisine. » Je ne savais même pas ce qu'était le *Guide Gault et Millau*. Je me suis dit qu'il fallait que je me procure ce guide pour voir ce qui pouvait me concerner. J'y découvre que Le Crocodile avait 16/20 et moi 11,5/20, avec la mention « maison campagnarde de luxe ». La notice disait aussi que tout était bon mais que rien n'avait du génie.

Nous tous, pour vous servir !

C'est une formulation assez ambiguë : pas contradictoire, mais presque.

Mon amour-propre a été piqué au vif. Le coup d'envoi du match était donné et je n'allais pas me laisser manger par le Crocodile ! Cette prise de conscience m'a poussé à sortir un peu plus, à aller goûter la cuisine des collègues qui pratiquaient ce qu'on a appelé la nouvelle cuisine, avec, au Crocodile par exemple, des petites mousselines et des petites purées. Je compris alors que ce n'était pas cela mon style de cuisine. En même temps, le fait de ne pas suivre la mode m'a permis de rester moi-même, ce qui est le plus important : l'année d'avant ma première étoile, Henri Gault est venu déjeuner chez moi. Il m'a dit ce jour-là : « Toi, tu feras de belles choses, sinon de grandes choses, mais il va falloir que tu changes certaines de tes pratiques ; par exemple, faire des jus plutôt que des sauces. »

Tu as tenu compte de ses remarques ?

Oui, cette visite m'a donné confiance et j'ai su gré à Henri Gault de m'avoir fait comprendre que j'avais de l'avenir. Au cours de mes excursions chez les uns et les autres, j'ai rencontré des gens qui m'émerveillaient, comme Charles Barrier à Tours. En 1970, j'avais goûté un foie gras chez lui, qui m'avait paru génial. Rentré à la maison, j'ai acheté des foies sous toutes leurs formes et pendant quarante-huit heures, je me suis livré à des expériences de cuisson, variant les températures, adjoignant des épices, essayant, mais en vain, de retrouver la saveur et la consistance du foie gras de Barrier.

La verrière vue du parc de l'Orangerie.

L'atmosphère du « Bubu » à mes débuts.

Après avoir eu mes trois étoiles, je suis retourné chez Barrier – ce devait être en 1995 ou 1996 – et j'ai dit à ce chef : « Charles, je dois vous avouer que j'étais venu chez vous il y a quelques années pour goûter votre foie gras et tenter de faire la même chose. Maintenant, on peut discuter, vous allez peut-être me donner la recette. » Charles m'a répondu : « Tu te fous de ma gueule, tu es un grand cuisinier avec trois étoiles et tu n'as pas besoin de moi pour réussir ton foie gras. » J'ai insisté et il a fini par accepter de me livrer ses petits secrets. À cette époque-là, on servait surtout des foies gras en terrine, et aussi, en Alsace, le foie gras d'oie poêlé aux pommes qui était un classique.

Une autre de mes grandes rencontres a été celle de Freddy Girardet. Pour moi, il était le plus grand et il m'émerveillait. Le hasard a voulu que nous ayons nos trois étoiles la même année. Je me trouvais du coup au même niveau – selon le Michelin en tout cas – que celui qui, à mes yeux, était un génie.

C'était un beau voisinage.

Oui, et j'ai eu envie de lui rendre visite pour le féliciter. Ce fut une belle rencontre et je continuais de me sentir tellement petit à côté de lui. Mais il me disait que j'avais rejoint le club des trois étoiles, et que cela excluait, *ipso facto*, toute forme de jalousie. Cela ne s'est pas passé de la même manière pour les deux étoiles – ainsi à Strasbourg, Émile Jung et son Crocodile, les deux étoiles, c'était lui. Quand je suis arrivé, il en avait une. Quand j'en ai gagné une, il en a eu deux. Il avait toujours une étoile d'avance ! Puis nous nous sommes trouvés à égalité : cela m'a rasséréné. Au fond de moi, je me disais qu'il n'aurait jamais trois étoiles. Et voilà que l'année où je commençais à rêver d'une troisième étoile, c'est lui qui l'obtient, me battant encore sur le poteau. D'abord, j'ai accusé le coup. Je pensais qu'il n'y aurait jamais de place pour deux établissements trois étoiles à Strasbourg, et je me disais : « Tu seras l'éternel second, le Poulidor de la grande cuisine. » Cela m'agaçait d'autant plus que sur ma bicyclette, dans les randonnées avec les copains, je trouvais toujours le moyen, à l'arrivée, de donner le dernier coup de rein qui me faisait gagner. J'en ris aujourd'hui. J'ai fini par avoir ma revanche sur Émile Jung. Non seulement j'ai obtenu ma troisième étoile, mais pendant les six ou huit années qui ont suivi, j'ai fait partie des quatre chefs en France qui avaient les meilleures notes dans tous les guides. Peu à peu, j'ai rattrapé, puis dépassé mon challenger du Crocodile. La presse gastronomique disait de moi que j'étais dans la dynamique de l'époque, dans la vraie cuisine, et cela me galvanisait.

Ce furent des moments merveilleux parce que je vivais pleinement ma vie de cuisinier. L'esprit créatif était mobilisé du matin au soir. Je me réveillais la nuit en pensant à des recettes, et c'était la même chose sur mon vélo. À table, je me faisais plaisir avec tel ou tel plat et je pensais : « Demain, tu vas le faire autrement et ce sera mieux. » Devant mon piano, j'étais toujours en recherche, comme un alchimiste devant son athanor. Oui, ce fut une période superbe que je ne suis pas près d'oublier.

Ce besoin, chez toi, d'innovation, de renouvellement, comment s'est-il traduit, par exemple, en termes de nouveautés sur ta carte, de plats du jour, d'invention ? Comment faisais-tu la part du maintien de la qualité que tu avais atteinte et qui avait fait ta réputation, et de la prise de risques, en matière d'innovation, par rapport à l'évolution de la cuisine en ces années-là ?

Ce besoin permanent d'innovation, je le ressentais comme étant la meilleure part de moi-même. Devant la confiance que me faisaient les guides, les journalistes et les clients, j'aurais pu alors me contenter de présenter un certain nombre de plats qui avaient fait leurs preuves et que mes clients appréciaient, en somme de vivre sur un certain acquis.

Mais ce n'était pas dans ma nature. Et lorsque des clients revenaient pour retrouver le même plat, et qu'ils ne le voyaient plus sur la carte, ils s'en étonnaient en disant : « Ah, vous n'avez plus ça, on avait aimé la dernière fois. » Alors ils choisissaient autre chose qu'ils ne connaissaient pas et, après avoir goûté, ils me remerciaient de leur avoir fait découvrir un plat encore meilleur. De telles réactions de ma clientèle ne pouvaient que m'encourager à poursuivre mon parcours sur le chemin d'une cuisine inventive qui se remettait toujours en question. Je n'avais aucun tabou. Tout était toujours possible.

Mon chat - ma fille ! - Havana !

Il reste que, après avoir eu mes trois étoiles, je devais quand même asseoir ou assurer cette distinction en maintenant un certain cap, un niveau de qualité irréprochable, un service sans défaut. Une certaine prudence s'imposait. Mais je revendiquais toujours le droit à l'erreur, disant à mes clients : « Si quelque chose ne vous plaît pas, dites-le-moi et je vous ferai autre chose. » Et tout se passait le mieux du monde.

2 AVRIL

Émincé de saint-jacques crues

riesling « Les Écaillers » 2003,
Léon Beyer

Pâté en croûte

volnay « Les Champans » 1998,
Marquis d'Angerville

Crème glacée au caramel

L'IVRESSE EN TROIS ÉTOILES
ET LA VIE APRÈS LES ÉTOILES

Quand même, avoir trois étoiles, n'est-ce pas une forme de sujétion permanente ? C'est très mobilisateur et on y pense tout le temps, je suppose.

Bien sûr qu'on y pense. Il faut savoir que, entre la première et la deuxième étoile, il n'y a pas ce grand écart qui existe entre la deuxième et la troisième. En dehors de la cuisine, c'était l'époque, dans ces années 1985-1990, où les styles des restaurants changeaient, où les guides poussaient plutôt à investir beaucoup d'argent. J'avais, jusque-là, agi très prudemment, mais je sentais que ma vieille ferme alsacienne ne suffisait plus en l'état. Avec Guy Walter, mon beau-frère architecte, nous avons eu l'idée – ne pouvant modifier la maison elle-même – de greffer, en 1990, sur sa structure une grande verrière moderne ouvrant sur le parc. Je mariais, de la sorte, la tradition d'une belle maison à colombages et la modernité de ce qui pouvait ressembler à un jardin d'hiver.

L'obtention du permis de construire ne fut pas chose aisée, mais il y avait à la mairie de Strasbourg, fort heureusement, des gens qui croyaient en moi. J'ai quand même pris des risques et le fameux permis n'a été accordé que trois jours avant l'ouverture. La fortune sourit aux audacieux !

Cette verrière a permis de multiplier le nombre de couverts, j'imagine.

La verrière en question, dessinée par ce même beau-frère, le mari de ma petite sœur Madeleine, n'avait pas pour fonction de multiplier le nombre de couverts mais de redistribuer l'espace, en permettant un accueil digne de ce nom.

Je pouvais alors placer soixante-dix personnes, ce qui représentait une moyenne par rapport à ce que faisaient certains de mes confrères : Joël Robuchon avait cinquante couverts, Georges Blanc et Paul Bocuse un peu plus. Mais le Buerehiesel nouvelle manière était un ensemble de petits salons et non pas une grande salle. Ou plutôt, la verrière était devenue une grande salle, complétée par trois petits salons.

Pour agréable et lumineuse qu'elle fût, la verrière se révéla un peu bruyante. Nous n'avions pas suffisamment pris en compte l'isolation phonique. J'ai fait appel à des ingénieurs acousticiens et nous avons pu régler en bonne partie ce problème.

Tu disais auparavant avoir considéré ta première étoile comme un bâton de maréchal. Mais c'était un petit bout de bâton seulement. Le vrai bâton de maréchal, ce sont les trois étoiles. Quand cela vous arrive, j'aimerais savoir comment l'on réagit.

Comment ne pas le reconnaître : être distingué par les étoiles Michelin est, pour un cuisinier, un moment unique et inoubliable dans sa vie. Inoubliables aussi, les circonstances dans lesquelles cela se produit.

On sait qu'on est dans la ligne de mire au moins pendant les deux années qui précèdent, et l'obsession du cuisinier est d'être tous les jours au sommet de sa forme, de ne jamais baisser la garde. C'est une tension de tous les instants.

En cycliste que je suis, j'ai souvent comparé cette tension à celle qui est la mienne quand je roule à vélo. La mécanique de l'homme et de la machine doit être synchrone et parfaite. En 1994, au cours des deux ou trois mois qui ont précédé la sortie du Michelin, les amis journalistes me disaient : « Antoine, c'est ton tour », mais moi, je n'y croyais guère. Le guide devait sortir la première semaine de mars et moi, j'avais prévu de partir à la montagne – une autre de mes passions

– la dernière semaine de février. Je me disais que si le Michelin avait quelque chose à m'annoncer, il le ferait avant mon départ dont il était informé. Mais rien ne vint et je partis aux sports d'hiver en pensant que ce ne serait pas encore pour cette année.

Je venais d'arriver à la montagne quand un journaliste m'appela et me demanda si Michelin m'avait téléphoné. Je lui répondis que non, et que, de toute façon, ils ne savaient pas où me joindre. Mais l'autre d'ajouter : « Je suis sûr que tu as ta troisième étoile. » Je n'en dormais plus. Et puis le matin, je partais skier sans penser à autre chose.

Le vendredi matin précédant la sortie du guide – il paraissait le lundi –, mon maître d'hôtel italien téléphona de Strasbourg. J'étais parti le matin pour une randonnée avec les copains, ayant complètement évacué les étoiles.

On avait fait une belle descente à ski – c'était à La Plagne – et un de mes copains, qui avait changé d'itinéraire, fut pris dans une avalanche. Il réussit à s'en sortir et, comme il était parti tout droit, il arriva au restaurant avant nous. Parvenant au restaurant à mon tour, j'aperçus ma femme tout heureuse de l'autre côté de la route et elle m'informa de l'appel du maître d'hôtel. « Le directeur du Michelin lui a téléphoné, me dit-elle, et il faut que tu le rappelles. » Là, j'ai commencé à y croire. Au moment où je suis entré dans le restaurant, tout le monde buvait du champagne. Mais ce n'était pas pour moi : on célébrait la chance de mon copain qui s'était tiré d'affaire dans l'avalanche. Puis ils se sont mis à table. Évidemment, je n'ai rien mangé et, à deux heures, j'ai téléphoné au Michelin et j'ai appris la bonne nouvelle. J'étais au septième ciel. Non seulement j'avais mon bâton de maréchal mais, en plus, j'étais le seul nouveau trois étoiles de l'année 1994 en France. Quelle émotion ! Le dimanche, je me suis dit : « Il va falloir que tu écourtes un peu tes vacances et que tu rentres à Strasbourg. »

Après, ce sont les interviews avec les journalistes, la radio, la télévision. D'un coup, on devient le centre du monde et il faut avouer que c'est grisant.

Antoine, tu as évoqué jusqu'ici l'aventure du Buerehiesel et ce que j'appellerais la conquête des étoiles. Ma question est la suivante : existe-t-il une vie après les trois étoiles pour un cuisinier ?

Si je devais choisir un mot pour caractériser ma philosophie de l'existence, ce serait sûrement le verbe « oser ». Ce pourrait être aussi ma devise. Bien sûr, les trois étoiles ont changé ma vie en m'apportant la gloire, en me sécurisant, puis en me donnant les mains libres de faire la cuisine qui me plaisait. Mais très vite, j'ai commencé à me dire que la vie après les trois étoiles existe aussi, et que ce n'était pas dans ma nature de m'endormir sur mes lauriers. J'aurais pu continuer à « faire du trois étoiles », en restant dans mon cadre. Ainsi aurais-je pu atteindre 70 ou 80 ans, si Dieu me prêtait vie et si Michelin me renouvelait sa confiance, et rester tranquille dans mes pantoufles. Les semaines, les mois, les années passaient et je sentais qu'il me fallait entreprendre autre chose si je voulais rester fidèle à moi-même et à ma devise : oui, il me fallait oser, car la gestion d'un trois étoiles en province sans hôtel devenait de plus en plus difficile, et puis j'avais la profonde envie d'exprimer dans un autre lieu une cuisine différente des étoiles.

C'est une belle devise : « oser ». Belle et brève. Mais crois-tu que d'autres chefs de la même génération que la tienne ont eu ce même passage, ces mêmes interrogations ou as-tu le sentiment d'être l'exception qui confirme la règle ?

Je parlais de cela avec tel ou tel confrère trois étoiles à l'occasion de nos rencontres. Ainsi, mon ami Georges Blanc qui a merveilleusement réussi son parcours. Je lui disais : « Georges, tu as quelques années de plus que moi [il est né en 1943]. Ne crois-tu pas qu'un jour tu devras passer la main à tes fils ? » Il le fera évidemment, mais à son rythme et à sa manière, le moment venu. Georges a entrepris beaucoup de choses pour sa ville, Vonnas, et toujours dans l'univers de la cuisine. Il semble tellement aimer sa région et ses habitants qu'il a envie, à mon avis, de rester à leurs côtés, avec ses étoiles.

Mon fils travaillait avec moi depuis quelques années. Mais j'attendais de sa part une manifestation plus tangible de son engagement. J'aurais voulu qu'il me surprenne, qu'il m'étonne. Mais cela ne s'est pas produit tout de suite. Il était obéissant et fidèle à côté de moi, quand j'aurais voulu peut-être le voir un peu ruer dans les brancards. Je me disais : « Il a sûrement des choses à exprimer mais peut-être n'ose-t-il pas le faire face à son père, parce qu'il ne veut pas se livrer, par pudeur peut-être. »

Et pourtant, il allait de soi, à mes yeux, que, dans le contexte qui était le nôtre, le fils prît la succession du père après avoir été à ses côtés, selon le principe des vases communicants, l'un devant disparaître au bénéfice de l'autre.

N'est-ce pas là une vision un peu manichéenne de ce métier ? Toi, en pleine gloire, tu songeais déjà au passage du témoin à ton fils comme allant de soi. Curieux tout de même.

Bizarrement, je n'étais pour rien dans la décision qu'avait prise mon fils d'apprendre le métier de cuisinier. J'étais même plutôt hostile, au début, à l'idée de l'avoir à côté de moi. J'étais absolument libre et j'avais envie de le rester. J'ai été surpris du choix de mon fils, tant il est ingénieux et doué dans un grand nombre de domaines inaccessibles pour moi. C'est un passionné d'avions, de sport… Je ne l'imaginais pas choisir ce métier-là.

Mais pour l'heure je devais faire face à la réalité : mon fils travaillait avec moi, je voulais faire autre chose de ma vie de cuisinier. Je disais alors à Éric : « Soit je vends le Buerehiesel, soit tu reprends la maison. Après tout, elle est le fruit du travail de ta mère et de ton père. On ne te le cédera pas pour rien, mais pas au prix qu'on le céderait à quelqu'un d'autre. » Dans un premier temps, parce qu'il n'était pas persuadé de vouloir reprendre le Buerehiesel, mon fils a cherché une maison à racheter ou à créer aux environs de Strasbourg et en Alsace. Quand il m'annonçait les prix qu'on lui demandait ailleurs pour un restaurant de quarante couverts, je lui disais de réfléchir en lui faisant remarquer que, pour un prix presque identique, il aurait un monument de la cuisine en Alsace, ce Buerehiesel qui lui faisait peut-être un peu peur. Je lui disais encore : « Si tu devais reprendre le Buerehiesel, ce ne serait pas pour me faire plaisir mais pour avoir, du même coup, quelques longueurs d'avance par rapport aux petits restaurants de quarante couverts auxquels tu songes. Si tu commences avec ta propre maison, il te faudra des années pour t'imposer tandis que si tu reprends notre fabuleux Buerehiesel, tout ira beaucoup plus vite. » Comme il hésitait encore, je l'ai un peu bousculé en lui demandant une réponse. Au bout d'un an, il m'a donné son accord pour me succéder au Buerehiesel. Je l'ai mis à l'aise en lui disant que, côté étoiles, je le soulagerai en rendant les miennes et que celles qu'il gagnerait ne seraient qu'à lui !

En reprenant le Buerehiesel, ton fils était donc conscient qu'il se retrouverait avec peut-être une étoile au maximum, ou pas d'étoile du tout.

Bien sûr, il savait cela. On connaît l'exemple de Bernard Loiseau. Après sa disparition, c'est le chef qui a pris le gouvernail et la maison a gardé ses étoiles. Mais moi, j'avais une autre idée en tête concernant le *Guide Michelin*. En novembre 2006, je suis allé les voir en leur disant que mon fils allait prendre le relais en janvier 2007 et je leur ai dit : « Aujourd'hui, vous n'êtes pas en mesure de juger la cuisine de mon fils et moi, je ne peux pas vous dire ce qu'il fera comme cuisine. » Michelin m'a répondu : « On enlèvera une étoile, ou deux. » J'ai alors suggéré au directeur : « Innovez un peu, laissez-le démarrer sans étoile et, l'année d'après, vous jugerez sur pièces et vous donnerez une, deux, trois étoiles ou bien zéro étoile. » Je suis revenu le voir huit jours plus tard en compagnie de mon fils, que je leur ai présenté. À la fin, nous sommes tombés d'accord sur cette procédure. Ils retiraient les trois étoiles au Buerehiesel et Éric pouvait démarrer en volant de ses propres ailes vers ses étoiles futures. Mon fils a par la suite fait ses preuves, puisque, en 2008, il a regagné une étoile, la sienne !
Moi, en revanche, j'ai été victime de ce qu'on pourrait appeler des dégâts collatéraux : quand j'ai repris Drouant en novembre 2005, le restaurant avait encore une étoile. Mais j'avais dit au Michelin que

Ce que disaient les guides après la troisième étoile en 1994

Le *Bottin gourmand* attribuait au Buerehiesel quatre étoiles, c'est-à-dire une cuisine de qualité exceptionnelle et quatre chandeliers, indiquant un cadre de grand standing. La notice était on ne peut plus élogieuse :
« L'une des toutes premières tables d'Alsace et de France, voire d'Europe et, cependant, les Westermann ont conservé une gentillesse indéniable. »

Et il était question d'une cuisine faite de tradition et d'imagination, d'équilibre dans les saveurs et de cuissons au chronomètre, une cuisine bien personnalisée, que l'on reconnaît entre toutes parce qu'elle porte la griffe d'Antoine Westermann. Parmi les plats cités, il y avait le croustillant épicé de maquereau à la mousse de légumes en vinaigrette au vin blanc, la matelote de poissons d'eau douce en raviole au riesling et le rognon de veau poêlé au lard, tomate fraîche, roquette et sauce diable.

Le Gault et Millau, lui, donnait au Buerehiesel une note de 19/20 avec quatre toques rouges, indiquant une cuisine particulièrement créative.

La notice précisait que « la maisonnette à colombages est toujours un temple de la cuisine inventive, surprenante et pleine de saveur. Antoine Westermann est un affineur de plats canailles, il interprète à merveille certaines recettes oubliées de grands-mères, sans verser dans la nostalgie du terroir. Mieux, il les combine aux épices du soleil, réalisant ainsi un mariage entre l'Alsace et la Méditerranée. Les quatre petits hors-d'œuvre choisis, mousse de céleri au caviar, queues de langoustines poêlées, salpicon et jus d'herbes à l'huile d'olive, crème légère d'escargots au persil plat, donnent d'emblée la note ».

Le Guide Michelin, toujours aussi laconique, se contentait d'indiquer les trois étoiles, en précisant l'emplacement : dans le parc de l'Orangerie, et l'aspect de l'établissement : reconstitution d'une authentique ferme alsacienne agrémentée d'une verrière. Selon sa tradition, le guide mentionnait quelques spécialités : persillé de pintade au foie gras de canard, *schniederspäetle* et cuisses de grenouille poêlées au cerfeuil, poulette « pattes noires » cuite comme un *bäekeofe*. Vins : pinot noir, riesling.

je voulais être plus libre en cuisine et que je souhaitais rendre des comptes à mes clients et non aux inspecteurs du guide. Mon franc-parler a certainement coûté la présence de Drouant dans le guide pendant une année. J'avais trouvé cela injuste, considérant qu'ils auraient pu laisser quelque chose à un ancien chef trois étoiles. Ainsi va la vie.

Revenons au moment où tu installes ton fils après avoir négocié, si j'ose dire, avec Michelin, le modus operandi. *Parle-nous un peu de la façon dont tout cela se passe : la transition pour ton fils et, pour toi, la continuation de ton parcours.*

Mon fils Éric a ouvert *son* Buerehiesel le 1er janvier 2007. Le 23 décembre 2006, ce fut mon dernier service – mon équipe de cuisine, mon chef et son second étaient restés en place à ses côtés et mon fils a continué dans la mouvance, mais avec sa propre carte. Il volait désormais de ses propres ailes et moi, j'avais les mains libres pour m'occuper de Drouant que j'avais acheté fin 2005. Une page était tournée pour Westermann père et fils. Il serait exagéré de dire que je n'éprouvais pas quelque nostalgie d'avoir quitté le Buerehiesel, ce beau jouet, fruit d'un travail considérable de nombreuses années, pour ne pas dire de décennies, si l'on se souvient que, entre mon apprentissage au buffet de la gare de Strasbourg, de 1960 à 1963, jusqu'à l'acquisition du Buerehiesel en 1970 et le départ pour la place Gaillon à Paris, quarante-cinq années s'étaient écoulées : à peu près le temps qu'il faut pour faire un homme, si l'on en croit le mot d'André Malraux.

Un peu de nostalgie, donc, en m'éloignant de Strasbourg mais, en contrepartie, un beau challenge en perspective, malgré mon choix de rendre les étoiles : celui de redonner du lustre à Drouant, maison emblématique et prestigieuse mais qui avait quelque peu perdu de son éclat.

De la même façon que j'avais eu beaucoup de chance, grâce à l'aide de mes parents qui avaient hypothéqué leur maison pour me permettre d'acheter le Buerehiesel, j'avais voulu donner cette même chance à mon fils en lui offrant la liberté de s'accomplir sans dépendre de qui que ce soit. Et je l'ai fait. Dans le même temps, ayant renoncé à maintenir le niveau d'un trois étoiles, ce qui représente tout de même une sujétion, je redevenais libre, avec Drouant, de faire ce qui me plaisait, de garder ma liberté de cuisinier. On pourrait dire, avec Voltaire, que tout était pour le mieux dans le meilleur des mondes possibles.

De gauche à droite : Marc Haeberlin, moi, Émile Jung soit, en tout, 9 étoiles alsaciennes !

Si je comprends bien, l'opportunité que tu avais de reprendre Drouant t'est apparue comme une occasion que, peut-être, tu ne retrouverais jamais. Tu as considéré cela comme un nouveau défi qui t'excitait beaucoup, un challenge qui satisfaisait ton côté « aventurier ».

Oui, pour rester sur le thème de la chance, je me disais que cette possibilité qui s'offrait à moi d'acquérir Drouant, je ne devais pas la laisser passer. Même si cette maison perdait de l'argent depuis des années, elle était tout de même un bel outil de travail, avec une histoire qui s'y attachait. À moi de saisir cette chance et de redorer le blason de Drouant. Ma curiosité et mon goût de l'aventure et du changement ont fait le reste. Je rendais grâce aux guides de m'avoir conduit tout en haut, mais en cette fin d'année 2005, je retrouvais cette liberté qui restait pour moi la chose la plus importante au monde. Cette décision de sauter le pas et de reprendre Drouant a été finalement assez rapide. On me l'a proposé au mois de mai ; en juillet, je disais oui, avec une sorte d'excitation intérieure qui me surprenait moi-même.

Le vendeur avait déjà proposé Drouant à certains de mes confrères étoilés, mais ils trouvaient cela trop cher, compte tenu de ce qu'il faudrait investir pour relancer la machine. Moi, je suis arrivé au moment où le vendeur était lassé de devoir remettre beaucoup d'argent sur le compte chaque année pour combler les déficits. J'ai donc réussi à reprendre Drouant mais, ensuite, j'ai dû investir. À 60 ans, cela était pour moi un beau pari sur l'avenir. Entre la cuisine trois étoiles qui était celle du Buerehiesel, la cuisine de bistrot du Vieil Ami, dans l'île Saint-Louis, que j'avais racheté en 2003, et Drouant, j'allais devoir inventer quelque chose de différent : un beau défi en perspective.

25 AVRIL

Salade de petits pois
et févettes au citron confit
graves blanc 1996,
Château de Fieuzal

Aile de raie
margaux 2003,
Château de la Tour de Mons

Tarte fondante au chocolat

RENCONTRES LÉGENDAIRES ET CLIENTS CÉLÈBRES

Quand un chef accède à ta notoriété, il voit vite venir dans son établissement des gens connus ou célèbres, de tous les milieux socioprofessionnels. Pourrais-tu évoquer certains de ces clients illustres qui ont été – et sont encore – les tiens, d'abord au Buerehiesel, puis maintenant chez Drouant ?

Bien sûr, au Buerehiesel, à Strasbourg, j'ai vu venir chez moi beaucoup d'hommes politiques : Georges Pompidou, Alain Poher, Valéry Giscard d'Estaing, Jacques Chirac, François Mitterrand. J'ai cuisiné pour eux plusieurs fois, et même très souvent pour certains d'entre eux.

Je me souviens d'une anecdote avec François Mitterrand. Le repas se passait à la préfecture et non pas dans mon restaurant du Buerehiesel. Il y avait quatre-vingts personnes à table. Je devais servir une selle de chevreuil en croûte avec des champignons des bois. Déjà, j'étais étonné de voir ça : les goûteurs de l'Élysée me permettant de faire des champignons des bois au président de la République !

Après l'entrée, qui était une salade de homard, j'avais enfourné ma selle de chevreuil dans le four de la préfecture de Strasbourg et, au bout de trois ou quatre minutes, il s'est produit une panne électrique. Il faut imaginer cette situation : la pâte feuilletée qui tout d'un coup ne tient plus sur le filet de chevreuil ; tout glisse sur ma plaque de cuisson ; une vraie catastrophe ! Le temps d'aller chercher les électriciens de service qui s'en moquaient, disant : « Ce n'est pas nous, c'est l'autre… », les minutes me paraissaient une éternité. Alors, je me suis dit : « Il faut prendre le taureau par les cornes. » Je me suis précipité derrière François Mitterrand. À sa droite, il y avait le préfet du Bas-Rhin. J'ai tapé sur son épaule comme s'il était mon copain pour le faire lever et lui expliquer ce qui se passait. En deux minutes, le problème était réglé.

Je me vois encore reconstruire ces selles de chevreuil après, avec mes doigts, comme de la pâte à modeler. J'avais l'impression que j'allais mourir sur place.

Tu parlais de Pompidou, de tous les autres, et de Mitterrand, qui était un fin gourmet. Est-ce que, ensuite, ils venaient te remercier, te féliciter ?

Non, pas tellement. Le *timing* de ces hommes politiques était toujours serré. Quand ils étaient servis en dehors du restaurant Buerehiesel, je ne les voyais pas beaucoup.

Pour Mitterrand, tu t'étais déplacé pour aller cuisiner à la préfecture. Je suppose que tu n'avais pas eu le choix.

Voilà.

Comment cela se passait-il pour ceux qui venaient chez toi au Buerehiesel ?

Le premier chef d'État a été Valéry Giscard d'Estaing.

Donc tu l'as accueilli personnellement ?

Oui, je l'ai accueilli. C'est un homme d'une grande élégance, qui a une exigence rare à table. Il était accompagné de dix ou douze personnes. J'ai eu l'occasion de le servir de nombreuses fois.

De nombreuses fois ?!

Oui, quand il était au Parlement européen de Strasbourg, il venait constamment. Il faisait ses réunions, ses repas de délégation au Buerehiesel. Un jour, il était en avance quasiment d'une demi-heure sur tous ses invités et, ce jour-là, il a demandé le chef et j'ai eu l'occasion, pendant vingt-cinq minutes, de bavarder avec lui. Il était l'ex-président de la République mais il s'est tout de suite mis à mon niveau : il s'intéressait à ma vie, à ce que je faisais. J'en étais très fier. Il y a deux mois, j'ai eu l'occasion de le recevoir chez Drouant et je lui ai rappelé cette anecdote dont visiblement il ne se souvenait plus. Maintenant, il revient chez Drouant, comme Michel Rocard, Jacques Chirac et d'autres personnalités de la politique ou du monde des arts.

Au Buerehiesel, tu as reçu, j'imagine, de nombreux hommes politiques de tous les pays d'Europe.

Oui, Brejnev, Helmut Kohl… J'ai eu l'occasion de faire plusieurs sommets européens. J'ai donc servi tous les chefs d'État. Des chefs d'État africains aussi, comme le président Mobutu, qui est venu un jour en autobus. C'était drôle, parce qu'un autobus qui entre dans le parc de l'Orangerie escorté par une douzaine de motards, ce n'est pas courant. Au moment de payer, le directeur de cabinet est venu avec une valise dont il a sorti des billets…

Je me souviens aussi de la première élection à l'Union européenne. Toute la nuit, il y avait des émissions en boucle au Parlement européen et j'ai servi des repas jusqu'au petit matin.

Je me souviens également du Parti communiste français, qui était venu dîner ce soir-là à deux ou trois heures du matin. Comme le président Mobutu, ils ont payé en billets.

Qui étaient probablement fournis par Moscou !

Je crois que c'était Robert Ballanger, à l'époque, qui dirigeait la délégation. Il faut savoir que le Buerehiesel se trouve juste en face du Conseil de l'Europe et du Parlement européen. Quand Simone Veil était présidente du parlement, elle venait très souvent.

Ces gens-là n'aimaient pas déjeuner dans des gargotes !

Non. Avant ça, il y avait également l'ex-maire de Strasbourg, Pierre Pflimlin, qui m'avait aidé pour le Buerehiesel, et sans qui rien ne se serait passé.

On parle des hommes politiques, mais il y avait aussi, j'imagine, des gens du show-biz, des artistes…

Quand les artistes se déplacent dans une région, ils vont
toujours là où c'est le meilleur.
Les Bécaud, les Aznavour… oui, j'ai vraiment eu de belles brochettes, et pourtant, je n'ai jamais demandé d'autographes ou de signatures à qui que ce soit.

J'allais justement te poser la question. Tu n'avais pas de livre d'or ?

Non. Aujourd'hui, je le regrette un peu. Parce que je pensais que j'étais immortel et que ces gens-là reviendraient à tous les moments de ma vie…

Pourtant, dans les grands restaurants, il y a souvent un livre d'or.

J'avais le sentiment qu'un livre d'or dérangeait, qu'on embarrassait les gens à leur demander une signature, qu'on voulait un peu tirer les marrons du feu en disant : « Untel était chez moi. »

Tu as raison. D'ailleurs, il y a une formule à propos du livre d'or :
« Le livre d'or, ne le réveillez pas. » C'est vrai que cette attitude correspond à ta discrétion naturelle.

Je le regrette un peu aujourd'hui, car si je cherche les noms de tous les gens que j'ai reçus, je me rends compte que j'en oublie beaucoup.

Et chez Drouant, depuis que tu as repris la maison, il y a là aussi des gens célèbres. J'ai vu passer récemment Jacques Chirac, sans parler des écrivains de l'académie Goncourt, qui sont un peu chez eux dans cette maison.

Oui, beaucoup de comédiens viennent chez Drouant en voisin, comme Michèle Laroque et Jacques Maillot, par exemple. Ils viennent pour le souper après le spectacle ou pour se retrouver tout simplement. On a des artistes et des gens connus tous les jours.

Pour les hommes et les femmes politiques, j'ai des personnalités de droite comme de gauche, mais ils viennent séparément. Quand il y a Mme Ségolène Royal le lundi, M. l'ex-premier secrétaire du parti socialiste vient le mardi.
Drouant est un lieu mythique, où les clients ne viennent pas forcément parce que c'est Antoine Westermann mais parce qu'ils ont entendu dire que Drouant, finalement, n'est pas qu'un monument, et qu'il est géré par des pros.

De gauche à droite : moi, Alain Dutournier, Joël Robuchon, Alain Ducasse.
Une belle brochette, non ?

À mon avis, il y a ceux qui viennent parce que c'est Drouant, avec sa tradition ancienne et il y a ceux qui viennent parce que c'est Antoine Westermann qui est maintenant aux commandes et il y a ceux qui viennent pour les deux raisons. Ces gens-là, tiens-tu toujours à les accueillir ou non ?

Je pars du principe que s'ils viennent ici, c'est qu'ils veulent être tranquilles, sinon ils iraient dans une maison encore plus en vue.

Mais en même temps, ils ne détestent pas bénéficier d'égards particuliers.

C'est vrai. Quand je sais que Pierre, Paul ou Jacques vient, je donne des informations, des directives. Mais si je suis dans la maison, soit je les accueille, soit je les vois au départ ou à la fin, mais je ne passe pas à table pour faire des courbettes. Cependant, je suis là et je leur montre que c'est un vrai plaisir de les recevoir.

Tu as raison, ne serait-ce que pour faire pièce à ce qu'on entend souvent à propos des grands chefs, du genre : « Ils ne sont plus aux fourneaux ou en salle, ils sont au Japon ou ailleurs… » Et là je pense que tu tiens à montrer que tu es quand même là, et pas toujours entre Madère, Washington et le Portugal.

Oui, j'aime Drouant, j'ai besoin d'y être. C'est ma maison et mon « camp de base ». Drouant a besoin de moi, entre nous, c'est fusionnel. Je veille sur cette maison pour lui donner les moyens de progresser en permanence et de satisfaire nos clients. Mes voyages, eux, m'enrichissent et je rentre chez Drouant toujours chargé de mes dernières découvertes. Chez Drouant, je ne prétends pas être en cuisine, mais je l'inspire, je la contrôle, ce sont mes recettes, mon style, interprétés par mon équipe. Je compose, ils interprètent.

Aujourd'hui, tu officies chez Drouant où tu es maître de maison et tu vois venir certains de tes confrères étoilés, toi qui pour l'instant ne l'es plus, mais dont la réputation est toujours intacte. Est-ce que tu peux nous parler un peu de la manière dont cela se passe ?

Quand on a fait partie du saint des saints des trois étoiles, il n'y a vraiment pas de rupture ; on se retrouve. D'autant plus que tous mes collègues ont du respect face à ma décision de dire : je cède ma maison à mon fils et on remet les compteurs à zéro. À lui de gagner ses étoiles.

Ou de les conserver.

Ou de les conserver. Aujourd'hui, je crois qu'il ne me contredira pas, j'ai vraiment l'amitié et le respect d'un des plus grands d'entre nous, Paul Bocuse, qui est le plus connu internationalement et qui a permis aux cuisiniers français de sortir de leur cuisine. Si je l'appelle à sept heures du matin, il me rappelle trente secondes après et me dit : « Antoine, t'es déjà debout ce matin à l'heure qu'il est ? » Paul Bocuse, du haut de ses 82 ans je crois, est vraiment un ami, même si on ne se côtoie pas tous les jours. Je crois qu'il sent combien mon admiration pour lui est immense, et je crois que lui aussi m'aime bien. Et pour moi, c'est important, parce que j'aurais tellement aimé travailler chez lui quand j'étais jeune cuisinier. Et puis il y avait Pierre Troisgros, il y a Marc Haeberlin, Michel Guérard, Yannick Alléno, Jean-François Piège, Pierre Hermé qui viennent souvent dans ma maison…

Et Georges Blanc, que j'ai vu ici…

Oui. Je pense que tous les trois étoiles sont déjà passés chez moi. Tout ça pour dire que cet univers de la haute cuisine française, c'est un peu un Jockey-Club quand même : on aime bien venir chez les siens. Et maintenant que j'ai coupé le cordon, je suis heureux de les revoir, parce que c'est tout simplement ma vie de cuisinier et l'avènement d'une carrière.

Quand ils viennent ici, qu'ont-ils comme prédilections ? Ont-ils envie de goûter des choses nouvelles ? Quels sont leurs choix ?

Cela varie selon les personnages. Paul Bocuse, la dernière fois, a choisi une belle entrecôte avec des cèpes. Michel Guérard aurait tendance à manger un peu plus léger. Pierre Troisgros, c'était plutôt : « Tiens, tu as quoi comme plat du jour aujourd'hui ? » Tous ces cuisiniers sont comme moi : plus ça va, plus on recherche la simplicité, la vérité.

Avec mon ami, mon frère de tablée, Jean-Luc Petitrenaud. J'ai passé une semaine magique avec ces enfants dans ma cuisine du Buerehiesel à l'occasion de l'enregistrement d'une émission télévisée.

Tu viens d'évoquer Paul Bocuse, que nous aimons tous beaucoup. L'inoxydable Paul est en effet une grande figure de la gastronomie. Il y a aussi Georges Blanc, une autre grande figure. Parle-nous un peu de lui, qui officie dans sa Bresse natale, et qui est aussi un homme de terroir et des produits du terroir.

Je suis très proche de Georges, puisque j'ai pris sa succession à la chambre syndicale en tant que président. C'est lui qui m'a « refilé le bébé » en me disant : « Tu te présentes aux élections, et ce sera toi le futur président. » On a lié des liens d'amitié à ce moment-là. Cette amitié fait qu'il aime bien venir dans ma maison avec sa femme et moi, j'adore aller chez lui. Quand il vient à Paris, il est souvent chez Drouant. Georges est quelqu'un d'affable, un personnage doublé d'un homme d'affaires extraordinaire. Il a réussi dans sa Bresse. Georges est un homme entreprenant, qui a toujours des projets plein la tête. J'aime ce type de personnage, c'est un éternel jeune homme. Et ces gens qui ont cette complicité me plaisent bien. On a l'impression qu'ils ne vieillissent pas.

C'est vrai que, physiquement, il a très peu changé depuis que je le connais.

Et il y a aussi cette sincérité, l'amitié quand il te téléphone et te dit : « Tu es où aujourd'hui, tu ne passes pas près de chez moi ? Allez, viens, on casse la croûte… » Ou le contraire. C'est finalement un personnage qui a fait beaucoup de choses en restant très simple. Il n'y a aucune complexité dans son langage ; il y a l'amour du métier, l'amour de quelques personnes qui l'entourent.

Pour parler un peu de tes confrères parisiens, ou qui habitent Paris, j'ai évoqué au début Jean-Claude Vrinat, qui malheureusement nous a quittés trop tôt. Lui n'était pas un cuisinier mais un animateur, un chef de maison extraordinaire.

Jean-Claude était un professionnel hors pair. Je me souviens quand, jeune homme, je suis allé avec ma femme au Taillevent, il nous a reçus d'une manière royale. Nous étions deux jeunes de 22, 23 ans, lui était bien plus âgé ! Et j'étais épaté qu'il ait pour nous tant de considération. Quand nous avons quitté la maison, après un fabuleux repas et un service qui, je pense, était le plus grand de Paris, c'est lui-même qui nous a accompagnés, a passé le trottoir, ouvert la portière du taxi en tenant un parapluie parce qu'il pleuvait. Voilà un exemple extraordinaire que j'aimerais bien réussir à faire passer à mes jeunes qui veulent faire ce métier.

Tu as raison : l'accueil de Jean-Claude Vrinat au Taillevent était quelque chose de tout à fait exceptionnel et il faisait cela avec simplicité et discrétion, avec cette courtoisie extraordinaire qui était la sienne et qu'il appliquait à tous ses clients. C'était un grand monsieur.
Parmi les autres « Parisiens », ou ceux qui officient à Paris, quels sont ceux dont tu es le plus proche, ceux que tu vois le plus ? Les Savoy, les Dutournier, les Guy Martin, les Gérard Pacaud, les Christian Constant ?

Tous les deux ou trois étoiles parisiens sont des camarades, nous avons joué ensemble dans la même cour.
Je pense à Alain Senderens qui, quelquefois, vient ici. Il y a vraiment une sorte de fidélité entre nous et je ne sens pas du tout de jalousie à mon égard du fait que je suis l'Alsacien qui débarque à Paris…

De toute façon, les uns et les autres ne sont pas tous parisiens que je sache.

Oui, mais il y a quand même un moment où on pense aux trois étoiles : je ne suis pas un méconnu, je n'ai pas fait ma carrière à Paris et j'arrive…

Mais en même temps, chez Drouant, tu ne marches pas sur leurs plates-bandes, si j'ose dire.

Non. Et il y a ce respect qui demeure. C'est la même chose pour Pierre Gagnaire, un garçon que j'adore rencontrer.

Il y a aussi Alain Ducasse, qui t'avait mis sur le coup, si j'ose dire, de Mon Vieil Ami.

Alain était un de mes premiers clients. Je l'apprécie beaucoup et je pense que c'est réciproque. Malheureusement, il voyage tellement qu'on ne se voit pas assez. Notre dernière rencontre était dans son restaurant, Chez Benoît, où il avait convié une belle tablée. J'en garde un bon souvenir.

De toutes ces rencontres, il y a bien des amitiés qui ont dû naître ?

De bien précieuses, d'ailleurs… Je suis heureux que tu me donnes l'occasion de les citer. J'évoquerai surtout ceux que j'appelle ma petite famille parisienne : Maryse et Philippe Gildas, chez qui nous passons tous nos étés en Corse, Mireille Darc et son grand architecte de mari. C'est lui qui a conçu les nouveaux visages de Mon Vieil Ami et de Drouant ; j'ai la ferme intention de l'associer encore à mes projets d'avenir. Il y a aussi David et Jocelyne Khayat. Outre son grand talent professionnel, David se révèle un remarquable cuisinier. Ce sont mes amis de cœur.

7 MAI

Jambon persillé

Bouchée à la reine de Drouant

cornas 1998, Paul Jaboulet

Sorbet à l'abricot

LA MÉTHODE WESTERMANN

Tu as conçu et développé en quelques décennies une façon de travailler que j'appelle la « méthode Westermann », une manière bien à toi de faire confiance aux hommes, de les former, de leur apprendre le métier, puis de les encourager, voire les soutenir pour aller plus loin. Parle-nous un peu de ta tribu, grand chef!

J'ai toujours pensé que dans la vie il fallait savoir déléguer. Ainsi ai-je pris goût à faire réaliser la cuisine que j'aime par des chefs de talent. Ce sont eux qui la font, même si c'est moi qui l'inspire. C'est magnifique de me retrouver devant des plats que j'ai suscités, mais que je goûte avec étonnement, me disant: « Je n'aurais jamais songé à faire ça. » Et je suis content de penser: « Ils sont merveilleux, ils font mieux que moi. »

Si dans l'avenir je dois voir mon talent de nouveau reconnu, ce sera à travers ces jeunes interprètes, et mon mérite sera aussi le leur.

Il est d'autant plus nécessaire de déléguer que, pour être au plus haut niveau, il faut être devant son piano, avec ses produits et s'impliquer à fond. C'est vrai de n'importe quel instrumentiste qui doit jouer tous les jours s'il veut garder toute sa maîtrise. À partir du moment où l'on commence à se déplacer, à dépenser son énergie ailleurs que dans sa cuisine, on commence à faire son métier autrement, à le réinventer certainement. D'où la nécessité de trouver des relais. Et puis il ne faut pas oublier que le métier de cuisinier est un métier physique. J'ai commencé à 15 ans et j'en ai 63. Je n'ai plus, aujourd'hui, la même endurance qu'à 30 ou 35 ans, où je pouvais travailler jour et nuit.

Je dis souvent que chaque être humain possède en lui une sorte de puits, d'où il extrait ce dont il a besoin pour s'exprimer et agir – mais à un moment donné le puits s'assèche et se vide. Il devient alors nécessaire d'avoir à côté de soi de jeunes pousses qui vous stimulent et vous donnent des idées. C'est en prenant conscience d'une telle réalité que je suis entré dans cette autre phase de ma vie de cuisinier.

Avant de céder le Buerehiesel à ton fils Éric, tu avais déjà mis en application, en quelque sorte, la méthode Westermann à Paris, en reprenant un restaurant qui avait connu jadis son heure de gloire dans l'île Saint-Louis.

En effet, la « méthode Westermann » a pris ses marques avec la création de Mon Vieil Ami, dans l'île Saint-Louis. C'était en 2003 et le jeune chef aux commandes s'appelait Antony Clémot. En novembre 2005, il a rejoint Drouant. Ce restaurant, rue Saint-Louis-en-l'Île, appartenait à Jeannine Coureau et il s'appelait alors Le Monde des Chimères. Pourquoi « Mon Vieil Ami » ? Parce que je voulais en faire un lieu convivial où je recevrais les clients comme de vieux amis. Je n'avais nullement prémédité ce rachat. Le hasard, simplement, a bien fait les choses. Un soir, je dînais au Plaza avec Alain Ducasse. Au dessert, après un repas bien arrosé, il me dit : « Antoine, tu ne voudrais pas venir à Paris dans l'île Saint-Louis ? Je suis en pourparlers pour un restaurant qui a eu son heure de gloire, mais j'en ai déjà ouvert cinq ou six cette année. Je pourrais te passer la main. » J'ai répondu : « Banco. On va le voir demain matin. » Je l'ai fait et j'ai eu le coup de foudre en découvrant ce lieu magique. L'achat s'est réalisé au mois d'août et j'ai ouvert en décembre, après de gros travaux.

Curieusement, les banquiers parisiens ne m'ont pas aidé dans cette entreprise, malgré ma réputation et mes trois étoiles au Buerehiesel. Ce sont les banquiers strasbourgeois qui m'ont suivi. Mais après, que faire de cette maison ? Une auberge alsacienne, un bistrot parisien ? Comme je suis un fou de légumes, j'ai alors pensé à faire un restaurant convivial avec une cuisine ménagère ou familiale axée autour des légumes, en souvenir de la cuisine de ma mère. J'ai donc cherché et trouvé le meilleur maraîcher de Paris et vu avec lui comment on pouvait travailler ensemble. Chez Mon Vieil Ami, les légumes sont servis dans des cocottes en terre cuite comme on en a en Alsace. Les gens se passent les cocottes et dégustent différents légumes. Cette convivialité est favorisée par la disposition intérieure et la table d'hôtes. Parmi les plats proposés, il en est un, emblématique, qui est le dos de morue fraîche rôtie, vinaigrette aux épices, avec des carottes étuvées aux raisins et aux dattes.

Dans ce restaurant-bistrot-table d'hôtes, je voulais qu'il y ait vraiment un aubergiste. Il ne s'agissait pas de faire une mise en scène moderne mais d'aménager une grande pièce avec une porte donnant sur la rue de ce petit village au cœur de Paris. Derrière, il y a une porte qui ouvre directement sur la cuisine, comme dans une maison de maître, par laquelle le cuisinier peut lorgner un peu. Je voulais aussi que les jeunes chefs s'y succèdent, ceux auxquels je croyais et à qui je souhaitais proposer un tremplin. Ce fut d'abord Antony Clémot puis Frédéric Crochet. Lui est d'une famille de vignerons de Sancerre. Il a travaillé avec Bernard Loiseau puis avec moi au Buerehiesel pendant cinq ans. Donc, « il connaît la musique » !

Il n'a pas fallu plus de trois semaines pour mettre Mon Vieil Ami en route. Depuis, il ne désemplit pas. Il y a quarante couverts en tout et on peut asseoir quatorze personnes à la table d'hôtes.

Tel est ce Vieil Ami qui a été, avant Drouant, mon premier amour parisien.

Est-ce que le fait d'avoir repris Mon Vieil Ami en étant auréolé de tes trois étoiles au Michelin à Strasbourg t'a aidé à Paris ?

Oui, je dois dire merci au Michelin pour m'avoir donné trois étoiles au Buerehiesel. Si j'avais ouvert ce bistrot à Paris en étant un illustre inconnu, il est certain que le succès n'aurait sûrement pas été aussi rapide. Là, dès l'ouverture de Mon Vieil Ami, toute la presse en parlait.

Si j'avais respecté la chronologie, j'aurais dû évoquer d'abord, pour illustrer la méthode Westermann, mon restaurant du Portugal, la magnifique Fortaleza do Guincho. C'est déjà une vieille histoire puisque cette maison va fêter ses dix ans au mois d'octobre 2008.

Tu viens de rentrer du Portugal où tu as passé quelques jours avec ton chef là-bas. Pourrais-tu nous raconter l'histoire de la Fortaleza do Guincho ?

Tout a commencé comme dans un conte de fées. Un soir, au Buerehiesel, M. Alan Ho, un grand gourmet, érudit en œnologie, vient dîner et, à la fin du repas, demande à me parler. « Monsieur, dit-il, j'ai apprécié ce qui m'a été servi et je souhaiterais que vous interveniez pour moi : je viens d'acheter un hôtel-restaurant au Portugal et j'aimerais savoir ce que vous en pensez. Si vous êtes d'accord, je vous envoie un billet d'avion et vous irez sur place vous faire une opinion. »

Ma curiosité, bien sûr, l'a emporté ! Je suis allé au Portugal et j'ai découvert ce lieu absolument magique, en face de Sintra, cette côte sauvage avec le Cabo da Roca, un cap à l'à-pic vertigineux, qui est la pointe la plus avancée à l'ouest de l'Europe continentale. Alors, en dehors de tout aspect commercial, je suis tombé sous le charme de cette Fortaleza do Guincho. De retour à Paris, j'ai dit à Alan que j'étais prêt à relever le défi.

Je suis tombé amoureux du Portugal, de la diversité et de la richesse de sa cuisine.

C'est aujourd'hui ma deuxième patrie gourmande.

En fait, il t'avait mis en concurrence avec d'autres confrères.

Voilà. J'ai su après qu'Alan avait, en effet, contacté plusieurs chefs étoilés, en les mettant ainsi en concurrence, pour décider, à la fin, que ce serait moi. Et l'aventure a commencé ! Avec un ami ingénieur, j'ai d'abord installé une cuisine. Pour cela, j'avais un beau budget. Après quoi, j'ai créé une carte, un menu et j'ai débarqué là-bas avec un de mes anciens chefs qui avait accepté de se lancer avec moi au Portugal. Toujours le même principe : faire confiance à un cuisinier formé à mon école et le laisser agir avec une cuisine « inspirée par Antoine Westermann », selon la formule consacrée.

Pour établir cette carte, j'imagine que tu as dû t'inspirer de la gastronomie locale, de plats traditionnels du Portugal, peut-être pour en faire une synthèse personnelle.

Dans ce cas de figure, effectivement, il ne fallait surtout pas oublier qu'on était au Portugal et non en France. Pas question d'arriver en conquérant, du genre : « Poussez-vous, c'est moi et je fais ma cuisine. » Il était indispensable de regarder ce qu'il y avait sur les marchés, de pénétrer l'esprit de la cuisine portugaise, de goûter ce que proposaient les restaurants portugais. Les démarches préalables étant faites, je me suis mis à composer une carte « adaptée » au contexte, au lieu et au goût. On pourrait dire qu'il s'agissait d'une cuisine franco-portugaise à la sauce Antoine Westermann. Je tenais par-dessus tout à satisfaire mes clients tout en respectant leurs traditions et leurs coutumes. Je savais que, en agissant de la sorte, je serais mieux accepté. Par exemple, un des plats traditionnels du Portugal est la soupe appelée *caldo verde*, qu'on pourrait traduire par soupe « chaude et verte ». On la décline d'ailleurs de plusieurs façons, mais toutes partent de cette sauce verte dans laquelle on met du pain et des légumes. C'est très rustique mais très bon. De même, les cuisiniers portugais font des potées à faire pâlir nos grands chefs. Les légumes sont magnifiques et la charcuterie extraordinaire : boudins et saucisses. Là-bas, le cochon, généralement noir, est remarquable.

La rusticité de cette cuisine, qu'elle soit de terre ou de mer, s'appuie sur la qualité des produits. Mais j'ai quand même eu des surprises, pour ne pas dire que je me suis fait piéger. Ainsi, la première fois où je suis allé au marché aux poissons, j'ai été surpris de voir tant de dorades et de loups de la même taille, tous très beaux et très frais. Je m'étais dit alors qu'il faudrait que je me fasse livrer cela en France, avant de comprendre qu'il s'agissait là de poissons d'élevage. J'étais encore naïf à l'époque ! En réalité, l'aquaculture portugaise était en avance sur la nôtre et sa maîtrise permettait de vendre des poissons millimétrés !

Et toi, tu voulais bien sûr présenter des poissons comme le bar de ligne ou, de manière générale, des poissons de petit bateau.

Évidemment. J'ai donc trouvé un pêcheur qui nous apporte ses poissons et ses langoustes, de la meilleure eau, si j'ose dire. Comme en France, je m'efforce de trouver le fin du fin dans l'approvisionnement. Ainsi ai-je déniché un maraîcher qui produit des légumes bio très goûteux ; ils n'ont rien à voir avec ce qui existe sur les étalages partout dans le monde, où tout est millimétré, comme le poisson. Là, ce sont des petits légumes qui ont vécu leur vie dans la terre et sentent le bon produit, comme jadis les petits pois de ma maraîchère de Strasbourg.

Depuis quand cette maison est-elle opérationnelle ?

La Fortaleza do Guincho est opérationnelle depuis 1998. Dix ans déjà. Le premier chef de cuisine est parti entre-temps. L'actuel chef, Vincent Farges, est un garçon qui a travaillé pour moi à Strasbourg avant d'aller exercer ses talents au Maroc, puis en Grèce. Ses expériences méditerranéennes lui ont apporté l'art de doser les épices et je bénéficie de son savoir-faire à ce niveau-là. Aujourd'hui, il a une étoile au Michelin mais, à mon avis, il en mérite largement deux. Quand je vais là-bas – j'y passe trois ou quatre jours tous les deux ou trois mois –, avec Vincent, nous passons de merveilleux moments entre cuisiniers en cuisine. Avec le restaurant, il y a un bel hôtel de vingt-huit chambres qui est membre de la chaîne Relais et Châteaux. Les clients qui viennent passer une belle soirée ou un week-end sont détendus, heureux, dans ce cadre exceptionnel.

Quand j'arrive là-bas, Vincent – il me connaît sur le bout des doigts – me dit : « Je vais vous faire goûter ça et ça. » Et c'est tellement proche de moi que j'ai l'impression de l'avoir fait moi-même. Il y a une vraie relation fusionnelle entre nous.

Antony Clemot

Antony Clemot rejoint Antoine Westermann après avoir travaillé chez Taillevent. Il entre au Buerehiesel à 25 ans et, durant cinq ans, il gravira les échelons : sous-chef, puis chef, après avoir été rôtisseur. Il quitte momentanément Antoine Westermann pour tenter une aventure en Russie qui ne trouvera pas d'issue. Le jeune aventurier partira finalement avec lui ouvrir un restaurant à Washington. Depuis le début de leur collaboration, Antoine et Antony partagent l'envie d'entreprendre ensemble. Antony interprétera parfaitement la cuisine d'Antoine aux États-Unis et le restaurant connaîtra un joli succès. Les liens se consolident durant cette année et demie de collaboration et, lorsque l'opportunité de racheter le local de l'île Saint-Louis se présente, ils sont prêts. Antony devient « cuisinier-bistrotier » et se révèle être un aubergiste-né !

Deux ans passent et le fidèle hussard confie à son patron qu'il aimerait partager une nouvelle aventure avec lui. Le hasard faisant bien les choses, voilà qu'Antoine Westermann est en train de négocier la reprise de Drouant.

Quand Antoine Westermann propose à Antony, un cuisinier, de prendre les commandes de Drouant, il a dans l'idée d'insuffler un nouveau style d'accueil et de management axé sur la convivialité et une plus forte présence de l'« esprit cuisine » en salle. Le challenge est de taille. Antony hésite, puis se lance. Antony, déjà associé dans Mon Vieil Ami, dirige aujourd'hui Drouant avec la confiance totale d'Antoine Westermann. Ces duettistes de choc n'ont pas fini de nous surprendre…

Nous deux.

Ce qui était moins facile au début est devenu simple. Ainsi, pour signer une carte « inspirée par Antoine Westermann », est-il indispensable d'avoir un interprète de ce niveau-là. Je crois, en toute modestie, que ma méthode, finalement, a du bon. Vincent, pour revenir à lui, m'accompagne parfois pour préparer des repas aux États-Unis, en Thaïlande, à Madère… J'aime voyager avec mes chefs ; je m'organise pour qu'ils puissent m'accompagner. Nous nous partageons le travail en cuisine sans avoir besoin de nous parler : on est sur la même longueur d'ondes. On se regarde et les choses se font.

Voilà la vraie complicité. On est sur la même longueur d'ondes. On n'a plus besoin de se parler. Peux-tu évoquer maintenant cet autre toi-même que tu as installé à Washington.

Cette fois-ci, c'était dans une relation avec Drouant. J'avais un ami – l'ancien directeur du Crillon et du Plaza, à Paris – qui m'appelle un jour et me dit : « Antoine, j'ai besoin de toi. Je voudrais ouvrir un bistrot de chef français à Washington dans le plus historique hôtel de la ville, The Willard, et je voudrais que tu y mettes ta patte. »

L'idée me plaisait d'autant plus que j'avais été à Washington auparavant pour le groupe Accor. J'y avais fait l'ouverture du Sofitel et, au bout de six mois, on parlait en termes dithyrambiques du restaurant qui était parmi les deux ou trois les plus en vue de la capitale fédérale.

Puis le groupe Accor avait changé de cap et s'était orienté vers une restauration plus simple malgré le succès de leur restaurant gastronomique. J'étais donc resté sur ma faim et, pour tout dire, sur ma déception.

L'idée de tenter une nouvelle expérience américaine qui, cette fois, risquait de perdurer, et à deux pas du précédent restaurant, avait de quoi me séduire. J'ai donc aujourd'hui un bistrot français à Washington, sur Pennsylvania Avenue, qui s'appelle le Café du Parc, dont le sous-titre est « bistrot de chef ». Et ce chef, cela n'étonnera personne, est un ancien de Drouant. Là-bas, on pratique la cuisine bistrotière, revue et corrigée par moi, mais selon la même philosophie qu'au Portugal, en tenant compte des habitudes américaines. J'aime beaucoup cette façon de revisiter une tradition culinaire nationale – aussi réduite soit-elle – et de lui installer un peu de ma personnalité. Ainsi, le hamburger steak ou le poulet grillé à la diable servis au Café du Parc n'excluront-ils pas la sauce américaine, mais présentée autrement.

Les Américains qui viennent dans mon bistrot n'ont pas forcément envie de goûter à la cuisine française, mais ils s'attendent quand même à être un peu étonnés par ce qu'on met dans leur assiette. C'est ce que, avec mes deux chefs, Christophe Marque et Nicolas Legret, un ancien du Sofitel, j'essaie de faire là-bas. Je ne vais à Washington que quatre fois l'an, mais j'y reste un peu plus longtemps. En fait, nous travaillons beaucoup par téléphone et par e-mail.

Parle-moi de la manière dont tu as revisité le hamburger à Washington.

Chacun sait en quoi il consiste : un pain rond en deux parties dans lequel on met de la viande de bœuf, de la salade, des tomates, des oignons, du fromage – on parle alors de cheeseburger. Ce n'est pas très facile à manger, même à table, les ingrédients risquant toujours de tomber.

Pourtant, je ne pouvais pas ne pas servir de hamburger au bistrot. Il me fallait trouver une idée pour présenter autrement ce grand classique américain : au lieu d'en faire un gros, j'en ai fait trois plus petits, chacun ayant un goût différent selon les sauces choisies.

C'est drôlement astucieux et simple, mais il fallait y penser !

Et, pour conserver cet esprit d'unité, j'ai imaginé de poser sur les trois hamburgers une grande feuille de salade romaine et de mettre un couvercle sur le tout. Ainsi, un lien était fait. Il fallait couper la salade pour saisir un petit pain. Il me semblait que cette nouvelle présentation avait un côté ludique et esthétique à la fois.

Dans un autre genre, j'ai allégé la façon un peu bourrative qu'ont les Américains de présenter le crabe, une de leurs grandes spécialités, tout en conservant son goût, ce qui est très important.

Les Américains devaient être épatés. Ils ont dû se dire : c'est toujours notre nourriture, mais avec quelque chose en plus.

Du coup, les clients ont pensé : « Tiens, ce chef français a compris ce qu'on aime, mais il ajoute sa touche personnelle, et cela nous plaît. »

Le Café du Parc reste avant tout un bistrot de chef français ; je ne m'interdis pas d'y servir des plats de bistrot traditionnels à la française, avec les légumes appropriés, comme la bavette aux échalotes par exemple, la blanquette de veau avec les carottes, le bœuf bourguignon. Je n'oublie ni les terrines ni le pâté en croûte, surtout s'il est meilleur que celui du voisin, ce qui fait la différence.

Je propose aussi des plats du Sud-Ouest comme le cassoulet, mais également de la choucroute ou une bouillabaisse, en respectant les saisons évidemment. Aux États-Unis, et surtout à Washington, il fait chaud et froid comme chez nous.

Je voudrais maintenant que tu nous parles de ton restaurant à Madère, Uva ; Madère qui est une île magnifique et magique, un peu irréelle. Raconte-nous cette nouvelle aventure avec ce nouveau restaurant à la façon Westermann.

Voici l'histoire. Un monsieur vient dîner à la Fortaleza do Guincho, demande le chef et lui dit : « Écoutez, votre cuisine est superbe, c'est vous qui la faites ? – Oui. – Qui est votre chef ? – C'est Antoine Westermann. – Je veux le voir, je veux travailler avec lui. » C'est comme ça que ça s'est fait. Antonio Henriques m'a téléphoné pour me dire qu'il construisait un hôtel à Madère avec Ricardo Bofill, hôtel de quatre-vingt-dix chambres, et il souhaitait que je sois le chef qui inspire la cuisine de son restaurant, que je m'occupe de la cuisine. Il m'a dit : « Vous comprenez, aujourd'hui, je suis à la retraite, je n'ai plus besoin de travailler, je fais ça pour le plaisir. » Je lui ai répondu : « Monsieur, ça tombe bien, je suis à la retraite moi aussi, je n'ai plus besoin de travailler, mais je veux le faire pour le plaisir. » Parce que, tout de suite, il y a eu un contact avec Antonio et Norberto, son frère. Aujourd'hui, au bout d'un an, c'est devenu une relation magnifique. Antonio, qui a 60 ans passés, est un grand homme d'affaires madérien d'une simplicité sans nom. Il ne rate pas une occasion de m'appeler pour me renouveler sa confiance. Aujourd'hui, le restaurant est ouvert et j'y ai mis un de mes jeunes chefs. Il est dirigé par Gonçalo, le fils de Norberto, avec beaucoup de talent.

Un jeune chef que tu connaissais déjà ou un nouveau ?

Non. L'histoire est peu commune, parce que d'ordinaire je prends les chefs issus de mon écurie. Là, ce n'est pas le cas. Thomas Faudry était le second de Christophe Bacquié, le chef deux étoiles de La Villa à Calvi, un homme que j'aime beaucoup. J'y étais voilà deux ans environ. Et j'ai dit au chef : « Je dois ouvrir quelque chose à Madère, je suis un peu à court, est-ce que tu n'aurais pas un jeune que tu pourrais m'envoyer, brillant ? » Il se retourne et me dit : « Tiens, celui-là. » Il était sous-chef. Et Christophe lui dit : « Voilà, tu vas parler avec M. Westermann. » Et le jeune dit : « Oui, chef. » Il me regarde quand même comme un oiseau rare, en me confessant qu'on lui avait déjà fait le coup : il avait reçu des promesses d'un autre chef – que je ne nommerai pas – mais l'affaire ne s'était jamais conclue.

Il était échaudé.

Le jeune sous-chef m'a quand même dit : « On est au mois d'août, vous me voulez pour le mois de janvier ; d'ici là, il faut que je travaille pour prévoir mon arrière-saison… » Il souhaitait quelques garanties, ce que je trouvais normal. Et tout s'est enchaîné comme on l'avait prévu. Il a fait le tour de tous mes restaurants, des sandwicheries de Strasbourg aussi, il est allé au Buerehiesel, etc. Il a fait la tournée des popotes quasiment pendant un an. Et avec sa formation, il a su retenir ce que je souhaitais.

Où avait-il été formé ?

Surtout à La Villa à Calvi, qui fait une très belle cuisine, mais qui n'est pas la mienne. Il a très vite compris ce que j'attendais de lui. Aujourd'hui, j'ai mis une équipe en place avec lui comme chef, secondé par deux sous-chefs qui ont travaillé pour moi, l'un quatre ans à Strasbourg et l'autre deux ans ici chez Drouant.

Derrière, il y a donc tes hommes à toi.

Oui.

À Madère : c'est un restaurant dans un hôtel, comme à Washington ?

Oui, c'est un restaurant qui se trouve au huitième étage d'un hôtel et qui domine Funchal.

Quand tu parles de Madère, tu parlez de la capitale, Funchal.

Oui. On a une vue panoramique, quand on se retourne, sur la mer et sur la montagne. C'est absolument fabuleux. Ils m'ont aménagé un petit restaurant de trente-cinq/quarante couverts. On ne fait pas de la haute couture mais de la belle qualité. C'est du trois étoiles relooké au goût du jour dans le sens de la simplification. On en a assez aujourd'hui de tous les artifices et il faut revenir à l'essentiel. C'est ce que je fais là-bas avec Thomas.

Et là aussi, j'imagine, tu as procédé comme pour le Portugal continental : tu es allé voir les marchés, les produits. Je me souviens avoir goûté là-bas des poissons tout à fait curieux qu'on ne trouve qu'à Madère.

Oui. Ma première démarche, quand je vais quelque part, est de voir ce qu'on y propose, ce que je peux y faire d'après les produits qui existent. Je pensais que Madère était à l'identique du Portugal, alors que c'est complètement faux. Il y a des produits qui sont typiques de la région mais, en fin de compte, il n'y a pas autant de poissons qu'on croit, bien que ce soit une île au milieu de l'océan. J'ai l'impression aujourd'hui qu'on est un peu des pionniers. Ce n'est pas trahir un secret de dire que tous les hôtels, tous les restaurants de Madère connaissent le congelé, le grand froid. Parce que c'est beaucoup plus facile. Et moi, j'ouvre un petit restaurant avec trente-cinq couverts et je me suis démené pour avoir du frais ; là-bas, c'est nouveau.

Tu as donc trouvé des fournisseurs, des pêcheurs, des maraîchers ?

Oui Ce fut le premier travail de Thomas avant l'ouverture : il est allé là-bas quatre ou cinq mois plus tôt. Je lui ai dit : « Thomas, ton premier travail maintenant est de prendre ton vélo ou ta voiture et de regarder ce qu'il nous faut. Tu vas aller voir les maraîchers, les poissonniers. » C'est une démarche difficile, parce que, si on faisait tous les jours 300 couverts, on nous ouvrirait les bras, mais là, en commençant avec vingt, trente, quarante couverts, les gens sont un peu méfiants, du genre : c'est encore un Français qui vient. Mais les débuts sont très prometteurs. Pour moi, le plus important, c'est que des personnes m'ont engagé pour faire un travail et que celles-ci sont d'une attention, d'une gentillesse, d'une simplicité exceptionnelles.

*Parle-nous maintenant de ce qu'on trouve sur la carte de ce restaurant ? Pourrais-tu évoquer deux ou trois plats un peu particuliers, des choses que tu as imaginées ou adaptées à partir de la cuisine locale, des produits spécifiques de là-bas ? Je me souviens avoir goûté un poisson, l'*espada *(épée), à la chair souple et savoureuse qu'on pêche à des profondeurs incroyables. Tu vois ce que je veux dire ?*

Ce poisson, je le cuisine. Là-bas, il est servi avec de l'ail et du persil. C'est un poisson argenté qui est très long. J'essaie de prendre leurs recettes et de les aménager à la sauce Westermann.

C'est quoi la sauce Westermann ?

Aller plus loin : ils veulent du 100 % Westermann et pas de plats revisités. C'est seulement avec les desserts que j'ai fait plus local en utilisant les épices. Ainsi mon mille-feuille est à la cannelle et j'utilise tous les merveilleux fruits exotiques comme les fruits de la passion, les bananes…

On trouve de superbes fruits et légumes à Madère.

Oui, les légumes sont rois. Il y en a une multitude et j'aime les cuisiner. Mais, d'après mon chef, aujourd'hui, ce sont les plats totalement innovants, inconnus des Portugais, qui ont le plus de succès.

Quelle est la clientèle là-bas ? Il y a évidemment des Portugais, mais aussi des touristes.

L'hôtel dont on parle, contrairement à tous les autres sur l'île, n'est pas un hôtel de tourisme ou pour le troisième âge. C'est un hôtel prestigieux d'hommes d'affaires. Il se trouve au centre de Funchal et la clientèle y est différente. Il n'y a pas de grande terrasse au bord de la mer.

Ce n'est donc pas du tout l'équivalent de ces grands hôtels comme le Reid's peuplé d'Anglais un peu fatigués.

Certainement pas. Quand on arrive là-bas et qu'on veut passer quinze jours de vacances au bord de la mer, ce n'est pas chez moi qu'il faut aller. Mais pour être dans la modernité et y manger la meilleure cuisine, oui !

On n'est pas dans le cas de figure de la plupart des hôtels de Madère qui sont conçus pour un tourisme de masse, composé de gens venus des pays du Nord, ou d'Anglais qui jouent au bridge, boivent du thé, barbotent dans des piscines…

C'est ça.

Je suppose que tu vas régulièrement à Madère y passer un peu de temps, comme tu fais pour le Portugal.

Oui, bien sûr. Quand j'y vais, je reste quatre jours sur place.

20 MAI

Foie gras de canard confit au Porto

pinot gris « Comte d'Eguisheim » 2005,
Léon Beyer

Cabillaud poché avec des légumes vapeur et de l'aïoli, façon maman Westermann

puligny-montrachet « Les Combettes » 1998,
Louis Carillon

Mille-feuilles au kirsch

LE GOÛT DU VIN

Lors de nos conversations, tu me disais que ton père t'avait beaucoup appris dans le domaine de la cuisine et aussi du vin. J'aimerais que tu me racontes comment s'est faite ton éducation bachique.

Avec la cuisine, le vin a été partie intégrante de mon apprentissage. Dès l'âge de 6 ans, je fus autorisé à mettre mon nez dans un verre de vin et à en boire une gorgée. Pour mes parents, les mets comme les vins étaient leur quotidien, une de leurs raisons de vivre. En fait, ils adoraient ça. J'ai donc été, là aussi, à bonne école. Mon éducation bachique a commencé à la table familiale. Maman avait un goût modéré pour le vin qu'elle ne buvait qu'en petites quantités. Papa, en revanche, buvait du vin à table et nous permettait d'en goûter, considérant que cela faisait partie de notre formation. Il connaissait les vins d'Alsace, bien sûr, qu'il appréciait. Mais il adorait aussi les grands vins de Bourgogne, de Bordeaux et de la vallée du Rhône. Il était toujours à l'affût d'une découverte, allait dans les foires aux vins, avait des « rabatteurs » qui lui signalaient les bonnes bouteilles à acheter. En un mot, il était, au meilleur sens du terme, un amateur : celui qui aime et qui s'y connaît. Ainsi avait-il constitué, peu à peu, une très belle cave. Après sa mort, nous nous sommes partagés entre frères et sœurs ce qui en restait. De temps à autre, nous ouvrons une de ses bouteilles et nous pensons à lui avec émotion.

Mais avant d'évoquer les vins proprement dits, je voudrais évoquer cette anecdote qui concerne la cuisine au vin et le respect qu'avait mon père pour celle-ci. Je venais d'acheter le Buerehiesel. Un jour, mon père arrive en cuisine où j'étais en train de préparer une marinade pour un civet de lièvre. Mon père voit sur la table des litres étoilés, c'est-à-dire du vin ordinaire. À mes yeux, c'était un vin corsé qui pouvait convenir. À la vue de ce vin en litres, papa est devenu fou de rage : « Est-ce cela que je t'ai enseigné ? Comment peux-tu traiter tes clients de la sorte ? Ce n'est pas ainsi qu'on marine un lièvre. » L'usage veut, m'expliqua-t-il, que l'on utilise pour la marinade le même vin qu'on a prévu de servir pour accompagner le plat. « Moi, gamin, me dit-il, quand je faisais un civet de lièvre ou un gigot de chevreuil et qu'on buvait du gevrey-chambertin, je marinais au gevrey-chambertin, et si on buvait du nuits-saint-georges, je marinais au nuits-saint-georges. » Et il me demanda comment le plat était indiqué sur la carte. Je lui répondis : « Au vin de Bourgogne », ce qui me valut cette remarque : « Vin de Bourgogne, c'est flou, ça ne marche pas. » Mon père m'a alors demandé les clefs de la cave où il est allé chercher cinq bouteilles de gevrey-chambertin pour faire la marinade. Il avait raison, bien sûr, mais sur le moment, j'ai pensé que mon père était fou et qu'il allait me ruiner !

D'un point de vue de chef d'entreprise, évidemment, cela ne met pas la marinade au même prix !

Avant de rendre les armes, j'avais quand même tenté de me justifier : « Attends, papa, tu verras ; une fois cuit, si à la fin j'ajoute une bouteille de gevrey et si je le fais réduire, tu ne feras pas la différence. » Et mon père s'était encore indigné. Mais cet épisode m'a servi de leçon.

Ensuite, quand j'ai commencé mon apprentissage dans la restauration et que j'ai été, pendant trois ans, immergé dans la cuisine, j'ai un peu laissé de côté les vins. De sorte que, au moment où j'ai décidé de m'installer, ma connaissance des vins était restée au stade de l'enseignement paternel. Prenant conscience de ce hiatus qui se traduisait par de nombreuses lacunes, j'ai fait plusieurs stages d'œnologie afin de « mettre les pendules à l'heure », d'approfondir ma connaissance du vin, d'en apprendre le langage et la dégustation. Puis vint le moment où, ayant repris le Buerehiesel, il me fallut acheter du vin. Et pour acheter du vin, il vaut mieux le connaître. J'ai eu la chance, à cette époque, de faire la connaissance de Lionel Valcoda et d'Henri Pion, un

Bourguignon qui savait tout du vin et qui est devenu mon mentor dans ce domaine si riche et si subtil. Il m'a beaucoup appris, beaucoup apporté. Avec lui, j'ai visité un grand nombre de caves, en Bourgogne, dans le Beaujolais, dans la vallée du Rhône. Je me souviens d'une expédition chez Paul Jaboulet, dans les Côtes-du-Rhône en 1979. Le millésime 1978 était encore en cuve et l'on m'a fait déguster un hermitage -la-chapelle qui fut pour moi une révélation.

J'avais goûté de l'hermitage auparavant, mais je n'avais jamais imaginé que ce vin pût être à ce point éblouissant. Paul Jaboulet m'avait dit, les yeux dans les yeux : « Là, tu peux me faire confiance : ce sera un des grands vins du siècle. Tu devrais en prendre autant que tu peux, le mettre en cave et l'oublier pendant quelques années. » J'ai suivi le conseil de Paul Jaboulet en lui achetant, malgré ma trésorerie modeste (j'étais dans la phase de mise en route du Buerehiesel), 360 bouteilles d'hermitage-la-chapelle. Autant que je me souvienne, ce vin coûtait alors dans les 26 francs la bouteille. Cela représentait donc pour moi une facture de près de 10 000 francs, ce qui était beaucoup. Aujourd'hui, une bouteille de ce millésime, qui était coté comme année exceptionnelle en côtes-du-rhône, vaut plusieurs centaines d'euros. Au Buerehiesel, chaque fois que le sommelier voulait en vendre, je lui disais : « Non, ce n'est pas assez cher, ne le vendez pas, oubliez-le. » Cet hermitage-la-chapelle avait pris pour moi valeur de symbole.

Dans ces années-là, de région viticole en région viticole, de cave en cave, j'ai fait mon tour de France et complété mon savoir. J'ai fini par penser que le vin est un peu comme les femmes : on croit les connaître un peu et, en fin de compte, on ne connaît rien du tout.

Oui, mais en même temps, cette expérience progressive fait que, selon le vieux principe socratique, on sait qu'on ne sait pas, mais ce qu'on sait, on le sait.

Oui, le vin reste pour moi un merveilleux mystère, un mystère et parfois une énigme. Plus on le fréquente, plus la modestie s'impose. J'ai un ami vigneron en Alsace, à Ribeauvillé. Il participait un jour à une dégustation à l'aveugle au cours de laquelle il n'a même pas reconnu ses propres vins. Avec de tels exemples, oui, la modestie est de mise.

En vérité, au-delà de la compétence et de l'expertise, ce qui compte, en définitive, c'est toujours le plaisir. La plus belle des récompenses que peut vous donner un client ou un ami auxquels vous avez fait goûter un vin, c'est quand il vous regarde et vous dit : « Oui, j'aime, c'est bon. » Le reste vient après ; le reste est technique. Que des grands spécialistes comme Parker soient capables d'identifier tel ou tel grand cru dans tel ou tel millésime est certes impressionnant. Cette capacité à reconnaître relève presque de la magie, mais la mémoire olfactive n'est pas indispensable pour goûter pleinement la qualité d'un vin.

Mon ami, mon complice de « bons gorgeons », mon compère à vélo : André Kientzler, un des plus grands « faiseurs » de riesling.

Faisons un petit retour en arrière. Donc tu fais ton tour de France avec ton conseiller spécial et, peu à peu, tu fais des choix. Avais-tu une attirance particulière pour telle ou telle région, des engouements marqués ?

Je reviens à mon ami Henri Pion. Ce qui prévalait, pour lui, quand nous étions dans son fief à Beaune, c'était d'abord la notion de fête, de plaisir. L'origine du vin avait, certes, son importance, mais ce n'était pas ce qui comptait le plus. D'ailleurs, le plaisir que je retire d'un vin est aussi affaire de saison et d'humeur. Je suppose qu'il en va de même pour d'autres. Selon le moment de l'année, j'ai envie de boire un bordeaux plutôt qu'un bourgogne, un côtes-du-rhône plutôt qu'un alsace. Par exemple, il me semble assez naturel, à la saison du gibier, de privilégier tel châteauneuf ou tel bourgogne plutôt qu'un bordeaux. Pour autant, le bordeaux est à mes yeux le vin presque universel que je peux boire du 1er janvier au 31 décembre. Le choix d'un vin procède aussi d'autres paramètres, subtils souvent, qui ne valent que pour soi. Si j'ai de bons amis à table, dont je connais bien le caractère, je choisirai pour eux, à la cave, selon le moment de l'année, tel vin plutôt que tel autre. L'éclat de leurs regards, quand ils dégusteront le vin, me dira si je me suis, ou non, trompé.

Maintenant, quand vient le moment de constituer une cave et une carte, il faut adopter un parti. Au Buerehiesel, quand j'ai eu ma deuxième puis ma troisième étoile, il me fallait ouvrir ma carte sur l'extérieur. Avec la clientèle internationale qui était la mienne, je me devais de proposer des vins du monde entier, des vins dont je connaissais l'auteur.

Quand je sers un vin à quelqu'un, c'est comme quand je cuis des légumes : je connais mon maraîcher ; quand je propose une poularde, je connais mon volailler. Autrement dit, j'ai besoin de mettre un visage sur le produit que je cuisine. Il en va de même pour le vin.

Quand je suis descendu dans une cave, quand j'ai vu le vigneron, parlé avec lui, partagé l'émotion que procure son vin, une complicité s'installe. Au moment où je suggère ce vin à un client, c'est comme une espèce de message passant de celui qui produit à celui qui achète et se donne à quelqu'un pour recevoir le meilleur.

Cet échange est très important pour moi. Même chose quand je cuisine et qu'un client veut me voir. Je m'exécute d'autant plus volontiers que j'aime – si j'ose dire – mettre une tête sur ceux pour qui je cuisine. Et je dis à mon client : « C'est un petit plus pour moi de vous savoir dans ma maison. » Quand on aime, comme c'est mon cas, boire et manger, il est capital de ne pas le faire dans l'anonymat.

Pour en revenir au vin, à l'époque où tu avais décidé de présenter des vins du monde entier, j'imagine que tu es allé voir et goûter sur place en Espagne, en Italie, en Allemagne, plus loin peut-être ?

Oui, pour composer la cave du Buerehiesel, j'ai franchi les limites de l'Hexagone et suis allé goûter des vins en Espagne, en Italie, en Allemagne, aux États-Unis, dans la Napa Valley surtout. J'étais jeune encore quand j'ai goûté pour la première fois ces vins américains. Ils remplissaient le nez et la bouche. J'étais surpris comme on peut l'être par une jolie fille qui, d'un coup (de foudre !), nous paraît encore plus belle sans que l'on sache pourquoi ! Mais derrière cette jeune fille, n'y a-t-il pas un miroir aux alouettes ? Il se passe quelque chose d'anormal. Alors je me suis rendu compte que lorsqu'on aime le vin, ce n'est pas seulement pour y plonger le nez et prendre une gorgée, mais aussi pour le boire. Du coup, j'ai pris conscience qu'entre un chardonnay ou un pinot de la Napa Valley et un chardonnay ou un pinot de notre Bourgogne, il y avait une différence de taille : celle du *terroir*. Cette notion de terroir prenait tout son sens et le seul cépage ne pouvait prétendre à la même qualité de vin. Les Américains ont peut-être pensé qu'ils allaient pouvoir compenser l'absence du terroir par un maximum de technique, mais la technique, si elle est nécessaire, n'est pas suffisante et ne pourra jamais remplacer cette miraculeuse alchimie qu'on trouve en Bourgogne ou dans le Bordelais, issue du millésime et du terroir, que les Bourguignons appellent aussi « finage » ou « climat ». Et puis le vin, c'est d'abord un vigneron, un homme qui connaît *sa* terre, qui la cultive avec exigence et amour, qui aime ce qu'il fait, qui scrute

le ciel en lui disant : « Hier, il a fait mauvais, demain il fera beau. Fais que la récolte soit ce que je souhaite qu'elle soit. » Aux États-Unis, la notion de millésime n'a pas la même valeur. C'est vrai que depuis quelques années, le développement des vins de cépage accompagné d'une amélioration sensible des techniques de vinification a abouti à la production de vins de qualité honorable mais relativement standardisés, quel que soit leur pays de provenance. Voilà un autre effet de la mondialisation. On peut s'en réjouir ou le déplorer, mais c'est un fait.

La cuisine, d'ailleurs, a connu une évolution comparable, mais, par un juste retour aux sources, on a retrouvé, fort heureusement, cette notion de produit de terroir qu'on nous envie dans le monde entier. Pour moi, ce terroir est plus fort que la technique, même si la technique permet de faire moins de bêtises qu'avant. Mais le terroir, lui, ne s'invente pas, ne se reproduit pas, ne se délocalise pas.

J'ai toujours été fasciné par la distance ténue qui sépare les grandissimes terroirs de Bourgogne : comme entre la romanée-conti et la tâche. C'est le même vigneron qui vinifie ces chefs-d'œuvre mais, à la fin, ce sont deux nectars différents. Pour moi, cela relève de la magie.

Oui, c'est de la magie, mais une magie extrêmement coûteuse. Pour tout dire, une bouteille de romanée-conti, aujourd'hui, est un luxe réservé aux happy few. *Mais les autres, que vont-ils boire ? Heureusement qu'il existe des vins de terroir et de cépage à des prix plus abordables.*

En restant dans des régions viticoles qui n'ont pas le prestige de la Haute-Côte-de-Nuits, on trouve en effet d'épatants vins de terroir élaborés à partir de cépages plus rares, propres à des régions, comme la mondeuse et le chignin en Savoie ou le poulsard du Jura.

Au Buerehiesel, j'avais donc choisi de proposer des vins du monde entier. Chez Drouant, j'ai pris le parti de ne servir que des vins français. Cette maison était réputée pour avoir une des plus belles caves de Paris. Je rappelle que le fondateur, Charles Drouant, avait, dans les années 1880, racheté toutes les caves des maisons voisines de son restaurant pour y loger ses vins. Quand j'ai repris Drouant, j'ai voulu perpétuer cette tradition. Pour ce faire, j'ai transféré de Strasbourg à Paris mes plus belles bouteilles et conservé celles qui étaient sur place au Drouant. Mais une carte bien conçue ne se compose pas seulement des vins les plus beaux et les plus chers. Il en va de même pour la cuisine. Le client ne peut casser sa tirelire trop souvent pour s'offrir des vins et des plats hors de prix, même s'il a de l'argent.

Je m'efforce donc de proposer des vins dans le meilleur rapport qualité-prix possible, en bouteille ou au verre. Pour moi, la demi-bouteille ne devrait pas exister. Ainsi, pour chaque service, je propose entre douze et quinze vins au verre comme un vin de cépage syrah, un bergerac ou un séguret. Régulièrement, on change de région. Chaque samedi midi, j'invite un vigneron à venir faire goûter ses vins. Je découvre ainsi, et fais découvrir à mes clients, chaque mois, de bons vins de terroir vinifiés par d'authentiques hommes de l'art. C'est festif et convivial. Ces « samedis vigneron » sont ouverts à tous et n'ont rien d'élitiste.

5 JUIN

Sardines marinées
avec des tomates confites
et des chipirons en vinaigrette
séguret 2005, Domaine de Mourchon

Carré d'agneau de lait
et épaule confite
avec une fricassée
d'artichauts et pommes de terre grenaille
vin de pays syrah 2006,
Yves Cuilleron

CUISINE D'HIER, D'AUJOURD'HUI ET DE DEMAIN

J'aimerais, maintenant avoir ton sentiment sur la cuisine en général, celle d'hier, d'aujourd'hui et de demain. Comment vois-tu cette évolution ?

Quand je m'interroge sur la cuisine et son évolution, j'ai tendance à penser que, dans ce domaine comme dans d'autres, les rencontres, les échanges, les partages, les ouvertures ont, de tout temps, fait progresser l'humanité. Si on reste dans son coin, si on s'enferme dans ses certitudes en se disant qu'on est le meilleur, un beau matin, en ouvrant la porte, on se rend compte qu'on n'existe plus. Cela vaut pour la cuisine comme pour le reste.

Si on regarde l'évolution de la cuisine, mettons depuis le XIXe siècle, on s'aperçoit qu'elle est d'abord liée aux moyens de locomotion et de transport. On pourrait faire le parallèle avec la rapidité inouïe de l'information qui se fait désormais en temps réel, avec Internet ou par e-mail. Pour l'approvisionnement en poisson, par exemple, on charge aujourd'hui les avions avec la marchandise dans des caisses en polystyrène et on obtient tout ce qu'on veut du monde entier en quelques heures. Pour faire venir un bar de Brest à Strasbourg, il faut tout juste une nuit. Jadis, il fallait huit jours de malle-poste ou de diligence pour que le poisson traverse le pays, ce qui mettait sa fraîcheur en péril. D'où la nécessité de faire une cuisine plus masquée. Le produit était là, certes, mais très souvent des sauces épaisses palliaient l'absence de fraîcheur. D'ailleurs, pour reprendre l'exemple de ma région d'origine, l'Alsacien ne connaissait que les poissons de rivière car ceux de mer n'arrivaient pratiquement pas.

Aujourd'hui, on peut se permettre d'aller vers une simplicité extrême, parce que le produit est impeccable et qu'il suffit de mettre en valeur sa saveur intrinsèque par une cuisson appropriée. Le cuisinier que je suis considère qu'il a de la chance de travailler ici et maintenant. Durant mes années d'apprentissage, je m'étais plongé dans Le *Guide culinaire* d'Escoffier, dont la quatrième édition date de 1921. Aujourd'hui, c'est dépassé, mais en lisant ce livre, je m'étais dit que je pourrais peut-être en choisir quelques recettes et les actualiser. J'avoue m'être totalement essoufflé dans cette tentative et j'ai compris que la cuisine de l'époque avait fait son temps.

C'était moins une cuisine bourgeoise ou de ménage qu'une cuisine d'apparat dans laquelle on superposait. Je me souviens de la célèbre recette « Selle de veau Prince Orloff ». Selon Escoffier, il fallait braiser la selle, en détacher les filets et les détailler en escalopes coupées légèrement en biais. Puis on reformait les filets en les nappant de sauce Béchamel, en intégrant une demi-cuillerée de coulis d'oignons Soubise et une lame de truffe et du foie gras entre chaque escalope. Ensuite, il fallait masquer la surface de la selle de sauce Mornay, c'est-à-dire une béchamel réduite additionnée de gruyère et de parmesan râpés. On servait à part le fond de braisage dégraissé et réduit. Escoffier conseillait d'accompagner la selle d'une garniture de pointes d'asperges ou de concombres à la crème.

Plus personne ne pourrait manger cela aujourd'hui !

Oui, j'ai du mal à imaginer une telle recette actuellement ! Et pourtant, quand j'étais apprenti cuisinier – ce n'est pas si loin –, la selle de veau Orloff était un plat que l'on servait pour les repas de fête. Cela donne bien la mesure de l'évolution de la cuisine en quelques décennies. La rapidité des transports aidant, le bon produit a fini par l'emporter. En même temps, les recettes traditionnelles comme la blanquette de veau, le poulet en cocotte, le bœuf bourguignon ou la daube à la provençale ont continué d'avoir droit de cité, mais avec des sauces plus légères, sans farine, et qui privilégient les sucs de cuisson. Mais il y a un revers de la médaille : les méthodes modernes d'élevage des veaux, des porcs, des poulets, des poissons. Dans mon enfance, au moment des

Visite de « chantier » chez mon maraîcher strasbourgeois.

cochonnailles, quand on allait manger au village d'à côté, le porc dont on se régalait sous toutes ses formes avait été nourri quasiment de la même manière que les fermiers et leurs enfants. Le cochon était traité noblement. Il faisait partie de la famille. Il en allait de même pour les animaux de la basse-cour : poules, poulets, canards, lapins. D'où la qualité de leur chair.

Le revers de la médaille, donc, c'est l'élevage industriel, l'élevage en batterie, le besoin de produire vite et de gagner de l'argent. Avec de telles pratiques, la qualité du produit non seulement n'a pas progressé mais a baissé. De sorte qu'une blanquette de veau, un rôti de porc ou un bœuf bourguignon finissaient par n'avoir plus tout à fait la même saveur puisque la qualité de la viande n'était plus la même.

Maintenant, on trouve de nouveau ces bons produits de base : porc, veau, bœuf, poulet, poisson. Mais ils ne sont pas forcément accessibles à tout le monde car il y a un problème de coût de production. Une volaille de Bresse, un bon canard de Challans, un veau limousin élevé sous la mère, un bar de ligne, un petit homard bleu de Bretagne ont leur prix. Mais peut-être vaut-il mieux manger 100 g de bon veau que 200 g de mauvais. Peut-être vaut-il mieux acheter moins mais acheter bon. Pour moi, cela va de soi, mais je peux comprendre que certains se moquent éperdument de savoir si leur volaille vient de Bresse ou si leur veau a été élevé sous la mère.

On pourrait donc dire qu'il existe des cuisines à plusieurs vitesses, comme pour les loisirs en général. C'est un fait de société auquel sont confrontés les restaurateurs qui offrent à la fois le pire et le meilleur. Si on veut changer de catégorie, c'est aussi une affaire d'éducation.

En effet, la table est affaire d'intelligence et d'éducation. Par exemple, celui qui habite au bord de la mer ou pas très loin a la possibilité d'acheter de la langoustine vivante sur le port quand c'est la saison, à un prix accessible. Cela dure quelques semaines, mais au moins l'amateur se sera fait plaisir sans se ruiner. À l'inverse, celui qui est moins regardant pourra acheter toute l'année de la langoustine glacée et traitée pour la conserver plus longtemps. Ce n'est pas le même prix et ce n'est pas le même goût.

À un cuisinier du XXIe siècle, l'informatique permet de se dire : aujourd'hui sur ma carte il y a quinze plats, mais, sur les quinze, il y en a trois pour lesquels les produits ont changé. Ce n'est pas du bar que j'ai acheté, c'est du cabillaud ; ce n'est pas du saint-pierre mais du maquereau. D'où une plus grande souplesse et une plus grande variété. Jadis, le problème des cuisiniers était celui-ci : les cartes étaient imprimées, donc il fallait avoir le produit. Car si le produit n'était pas disponible, les clients n'auraient pas compris qu'il fût mentionné sur la carte et qu'on le leur refusât.

Le cuisinier d'aujourd'hui n'est plus soumis à ce genre de contraintes et fonctionne plutôt selon une technique d'achats qu'on peut rapprocher de ce qu'on a baptisé la « cuisine du marché », c'est-à-dire des saisons.

J'ai toujours été un peu intrigué par cette cuisine du marché dont tu parles. Ce n'est pas forcément le chef qui va faire le marché, bien sûr, mais il faut bien que quelqu'un le fasse ou qu'on lui apporte les produits. Comment ça se passe dans une maison comme la tienne ?

À une époque, mon chef me disait que le bénéfice de la journée était dans les achats. Il ne s'agissait pas d'être plus cher que le voisin mais d'être plus malin, de mieux acheter. J'ai retenu cette leçon. Dans une maison comme Drouant, qui n'est pas au bord de la mer mais au milieu de Paris, il est utopique d'imaginer aller faire son marché où que ce soit. Le prétendre serait tricher. Ce n'est pas ainsi que j'achète. À Paris, il a d'abord fallu que je m'informe : où acheter, chez qui ? Puis que je fasse une sélection et que je retienne les meilleurs. Aujourd'hui par exemple, ce sont mes chefs qui passent les commandes à la fin du service, et ils achètent aux criées pour me faire livrer le lendemain. Cette manière de procéder implique une confiance totale entre le fournisseur et l'acheteur. Si le fournisseur sait qu'il peut mettre les colis devant la porte et qu'ils ne seront pas vérifiés, cela ne marchera pas car le fournisseur aura tendance à livrer ce qui l'arrange.

Il est donc important de vérifier ce qu'on vous livre. Le fournisseur comprendra vite que son client est exigeant et il le respectera comme tel. Cette exigence de tous les instants est primordiale. Si je ne puis aller au marché pour des raisons évidentes, je dois en revanche ne rien laisser passer de ce que l'on m'apporte à la maison. La qualité est à ce prix. Si le poisson qu'on me livre ne me convient pas, je le renvoie et, bien sûr, je ne le paye pas. Le fournisseur refera peut-être le coup une fois, deux fois, mais pas plus, car alors il perdra ma clientèle. De toute façon, ces fournisseurs-là trouvent toujours des clients moins exigeants chez qui ils peuvent écouler leur marchandise. C'est ce qui fait la différence entre le royal et le bon.

Les fournisseurs ne vont pas, je suppose, proposer les mêmes produits à tous ; ils ont leurs critères, eux aussi, pour savoir qui va accepter tel produit, qui ne va pas l'accepter. Chacun ne joue-t-il pas son rôle ?

Pour ma part, je regrette que les réalités de l'approvisionnement, à Paris, permettent difficilement une relation personnelle avec le fournisseur. À Strasbourg, il en allait autrement. J'avais, par exemple, un pêcheur en face de chez moi qui me procurait des brochets, des sandres et des anguilles et il me racontait comment il les avait attrapés. Avec ma maraîchère, c'était quasiment une histoire d'amour. J'allais chez elle le lundi, je regardais les petits pois, un peu trop petits à mes yeux et je lui disais : « Marthe, là, c'est quand même trop petit », et je les goûtais : c'était déjà sucré. Elle me disait : « Non, tu ne vas pas me la faire, tu vas attendre encore trois

jours ; je sais comment tu les veux. » Et je revenais trois jours après. Les petits pois étaient très petits et hyper-sucrés. Alors cette femme, qui aurait pu laisser grossir ses petits pois parce que ça fait du volume, me cueillait les plus beaux petits pois du monde qu'il fallait à peine cuire tant ils fondaient dans la bouche.

Une autre merveilleuse rencontre fut celle de la dame aux pigeons. À Strasbourg, j'avais la réputation d'être un jeune cuisinier très exigeant, voire maniaque sur la qualité des produits du terroir ; quelqu'un qui faisait une cuisine alsacienne revisitée, allégée, d'où l'importance des produits. Un jour que j'étais en cuisine, une femme entre et me dit : « J'ai lu des articles sur vous, sur votre amour des bons produits, alors j'ai envie de vous apporter mes pigeons. » Elle en avait trois sous le bras, plumés. « Me feriez-vous l'honneur, me dit-elle, de les goûter ? J'aimerais avoir votre avis : actuellement, j'en ai une douzaine par semaine, auxquels j'apporte tous mes soins. »

Il était 13 h 30. Nous étions en plein service. J'ai regardé cette personne et j'ai dit à mon chef : « Continue le service, je m'occupe de la dame. » Je l'ai vue et lui ai promis de goûter ses pigeons. Le soir même, je me suis mis au piano et je les ai cuits simplement accommodés.

Quand tu dis « simplement », cela signifie quoi ?

Avec un peu de beurre à l'intérieur, du sel, du poivre et une cuisson lente au four en arrosant. À la fin, juste un petit déglaçage à l'eau pour exprimer les sucs. Une merveille ! J'ai décidé d'acheter les pigeons de la dame. Les dix du début sont devenus cent vingt. Elle a dû développer son élevage mais en conservant la qualité. La chose a fini par se savoir. Mes collègues cuisiniers qui venaient chez moi et goûtaient le pigeon se demandaient d'où je tenais ces oiseaux rares, et ils voulaient en avoir aussi, malgré le prix élevé. La dame doit faire aujourd'hui cinq ou six cents pigeons. Pour elle, c'est une *success story*.

INS D'ALSACE
INOT GRIS 2007
ENTZLER

Espadon mariné
avec un chutney
à la mangue et au curry
saint-véran 2005, Château Beauregard

Tourteau en gelée
avec un guacamole
monthélie « Les Duresses » 2002,
Domaine des Comtes Lafon

Poulette de Challans rôtie

Sorbet à l'abricot

LE DROUANT À LA WESTERMANN

Te voilà donc avec une maison emblématique mais quelque peu grippée, à laquelle il fallait redonner du lustre et surtout de l'efficacité, c'est-à-dire de la rentabilité. Tu avais réfléchi, je suppose, à la façon de relancer la machine et aux mécanismes à mettre en route. Comment voyais-tu le Drouant nouvelle manière ?

Après avoir repris Drouant et être sorti du système trois étoiles, j'allais devoir trouver quelque chose de neuf et, si possible, d'original pour façonner le Drouant nouvelle manière, le Drouant à la Westermann en quelque sorte.

J'avais déjà quelques idées en tête, bien sûr, en particulier la magie des hors-d'œuvre à la française, avec ces tables de convivialité où l'on se partage des petits plats, un peu comme dans les bars à tapas en Espagne. J'avais envie de remettre ces pratiques à l'honneur et c'est ce que j'ai fait avec les entrées et les desserts. Pour résumer en une phrase mon objectif : chez Drouant, j'ai eu envie de faire partager ma vision et mon goût pour la fête à table dans la simplicité. J'ai souhaité une carte qui offre de la liberté aux clients afin qu'ils puissent venir là dans différents états d'appétit.

Cette approche correspond aussi au côté très éclectique de notre clientèle : monde des affaires, monde de la littérature et de l'art, gens connus mais aussi inconnus. J'ai donc revu l'aménagement intérieur avec l'idée de casser un peu l'image un rien pesante du Drouant d'avant. Avec mon ami architecte Pascal Desprez, nous avons voulu respecter le lieu tout en cherchant à optimiser ses volumes. Le style Art déco qui prévalait ici a été adapté au monde contemporain. Ainsi avons-nous réuni deux époques pour donner à Drouant une note intemporelle et faire de ce lieu mythique une brasserie de son temps où tout le monde peut se retrouver pour prendre un cocktail, un verre de vin, un brunch le week-end, un plat du jour ou un souper.

Je voulais rendre Drouant accessible à une majorité de gens. Dans cet esprit, j'avais envisagé de supprimer le tambour d'entrée dans lequel il me semblait qu'on se trouvait d'abord prisonnier puis propulsé à l'intérieur, presque malgré soi. Je le voyais comme un repoussoir à clients. Finalement, j'ai renoncé à le démonter, d'abord parce que cela évoque la tradition d'anciennes brasseries, et puis je me suis dit que les nouveaux venus s'habitueraient vite.

Au moment où nous parlons, es-tu en mesure de faire un premier bilan du nouveau Drouant « à la Westermann » depuis que tu as pris les rênes ? Je pense à l'ambiance générale, au cadre et, bien sûr, à la cuisine.

Chez Drouant, il souffle aujourd'hui un air de bonnes habitudes. Après deux ans d'exploitation, le Drouant a retrouvé cette jeunesse que je voulais lui insuffler, cette jeunesse et cette liberté pour les clients de commander un plat du jour à midi, comme la bouchée à la reine du mercredi, un menu du jour avec entrée, plat et dessert. On ne trouve ici que des plats et des produits de saison, comme la truffe à la saison de la truffe, le homard de Bretagne, le foie gras, le saint-pierre, les belles huîtres, et puis les séries de quatre hors-d'œuvre et de quatre desserts, mais aussi les bons légumes et fruits du moment. Il va sans dire que, pour moi, le produit est roi. Il l'a toujours été, et chez Drouant plus que jamais. Il se suffit à lui-même et n'a pas besoin d'apparat. Ainsi, les rognons sont-ils simplement posés sur leur jus et la poulette de Challans rôtie sans chichis. Il faut simplement que ce soit du bon avec une juste cuisson.

Parmi les innovations que j'ai voulu apporter chez Drouant, il y a le bar, qui, par sa nouvelle place dans la maison, est devenu l'agora, le carrefour ; on s'y croise, on s'y retrouve, on s'y attend, on s'y rencontre… De 17 h 30 à 19 h 30, j'y ai conçu un moment que l'on appelle l'« apérospace », qui est ma vision de ce que l'on nomme communément la *happy hour.*

Ce sont là, en effet, des idées très innovantes.

Dans le même esprit, j'ai réinterprété le *brunch*, le *breakfast-lunch* du week-end, à qui j'ai voulu donner un nom français : il s'appelle le « p'tit traînard ». Je veux que Drouant soit une fête pour tous, les enfants autant que les grands ; c'est pourquoi j'ai conçu un menu enfants. Ils peuvent venir chez nous aussi facilement qu'ils vont chez MacDo. À nous d'être à la hauteur et de leur montrer que c'est meilleur chez Drouant que chez MacDo, à prix quasiment égal. Je me fais une joie de leur faire à manger avec une petite carte, où ils peuvent choisir les hors-d'œuvre, les petits plats, les desserts. Cette clientèle se développe et, maintenant, les parents viennent avec leurs enfants, plutôt en fin de semaine.

La musique fait aussi partie de la fête, je l'ai confiée à une amie auteure-compositeure, Valérie Leulliot, et, ensemble, nous revoyons régulièrement la programmation musicale de Drouant.

Décidément, tu as beaucoup d'imagination, cher Antoine, et pas seulement pour la cuisine.

J'ai eu en permanence le désir de créer une convivialité et un goût de la fête, qui passent par une cuisine généreuse et un cadre paisible et chaleureux. La maison Drouant a fait sa réputation sur la qualité des produits, en particulier les huîtres. En plus, c'était un endroit où l'on aimait être bien. Nombre de clients célèbres, à travers l'histoire, évoquent leurs souvenirs de table chez Drouant. Il y a donc dans la mémoire de ce lieu beaucoup de points communs avec la cuisine que j'ai envie d'exprimer.

Autre élément d'innovation que j'ai voulu pour le nouveau Drouant : le travail autour des légumes. J'ai toujours pris un grand plaisir à les cuisiner, comme le faisait si bien ma mère.

Avec de l'imagination et le sens de l'assaisonnement, on peut faire des repas épatants uniquement à base de légumes, en se laissant porter au gré des saisons. Artichauts, carottes, navets, petits pois, fèves, haricots verts, poireaux, fenouil, côtes de blette, céleri en branche, céleri-rave, courgettes, tomates, petits oignons sont des alliés substantiels pour le cuisinier inventif. Quoi de plus savoureux qu'une salade tiède de petits pois craquants, de tendres fèves, de petites asperges vertes *al dente*, le tout rehaussé de la puissante saveur des morilles ? Voilà le genre de compositions que l'on sert aujourd'hui chez Drouant.

Pour résumer l'image actuelle que j'ai voulu donner à cette maison, je parlerais d'une cuisine festive, gourmande, évidente, pour aller droit au cœur du goût dans une fusion des traditions. Cela en revisitant les hors-d'œuvre à la française, en mettant les produits en valeur et les légumes à l'honneur.

L'académie Goncourt
Les frères Goncourt

De petite noblesse lorraine, les frères Goncourt furent sauvés de leur modeste condition par l'héritage qu'ils reçurent de leur mère en 1848. Ils connurent alors une vie d'amateurs d'art et de littérature. Edmond et Jules, nés en 1822 et 1830, étaient dans la vie « jumeaux en tout et par tous les bouts », allant jusqu'à partager la même maîtresse.

Passionnés par l'art et la société du XVIIIe siècle, ils en écrivirent l'histoire anecdotique, avant de passer au roman. Jules, qui était le véritable écrivain, meurt à 40 ans, en 1870. Edmond continuera d'écrire, seul, des romans bien oubliés depuis. Il continuera aussi le *Journal*, commencé à quatre mains le jour du coup d'État de 1851, et ce jusqu'à sa mort en 1896. À en croire ce *Journal*, Edmond dîne pour la première fois chez Drouant le 30 octobre 1894. Edmond et Jules de Goncourt ont toujours eu le goût de recréer l'ambiance des déjeuners ou dîners d'écrivains, comme les « dîners Magny » célèbres à l'époque. À la mort de Jules, Edmond sera l'animateur du « Grenier » et le créateur d'une société littéraire qui deviendra « Académie » pour faire pièce à l'Académie française qui avait eu le tort de refuser l'immortalité à de grands écrivains comme Balzac, Flaubert, Zola ou Maupassant, pour ne citer que ceux-là.

Par testament, Edmond de Goncourt chargeait son ami Alphonse Daudet de constituer, à perpétuité, une société littéraire ayant pour objet la création d'un prix de 5 000 francs (grosse somme pour l'époque), destiné à un ouvrage d'imagination en prose paru dans l'année, et l'attribution d'une rente annuelle de 6 000 francs à chacun des membres de la Société. Il était précisé que les dix membres désignés devaient se réunir chaque mois de novembre à mai et que le prix serait décerné « dans le dîner de décembre ». L'académie Goncourt était née.
La première réunion se tint au Grand Hôtel en 1903, qu'elle quitta pour le restaurant Champeaux puis pour Le Café de Paris. Vingt ans après qu'Edmond de Goncourt y eut dîné pour la première fois, l'académie Goncourt prit ses quartiers chez Drouant le 31 octobre 1914. Elle y est restée depuis. Ce n'est plus en décembre mais début novembre qu'elle décerne le plus célèbre des prix littéraires français. Le lauréat ne reçoit qu'un chèque de

10 euros, mais on sait l'effet qu'a ce prix sur les ventes du livre primé.

Les premiers membres de l'académie, en 1903, s'appelaient Léon Daudet, Joris-Karl Huysmans, Octave Mirbeau, J. H. Rosny aîné, Paul Marguerite, pour ne citer que les plus célèbres.

Leur succéderont, au fil des années, Jules Renard, Georges Courteline, Roland Dorgelès, Francis Carco, Sacha Guitry, Colette, Pierre Mac Orlan, Raymond Queneau, Jean Giono, Louis Aragon, Bernard Clavel, et de nombreux autres jusqu'à aujourd'hui, où l'académie Goncourt s'est renouvelée après la démission, pour raison d'âge, de certains de ses membres.

Elle est actuellement composée de : Edmonde Charles-Roux, présidente ; Didier Decoin, secrétaire général, Robert Sabatier, Françoise Mallet-Joris, Jorge Semprun, Michel Tournier, Bernard Pivot, Françoise Chandernagor, Tahar Ben Jelloun et Patrick Rambaud.

Les Goncourt se réunissent le premier mardi de chaque mois pour déjeuner dans le salon Goncourt du premier étage dont le décor Louis XVI a été conservé. Chaque membre a son couvert, avec la fourchette et le couteau en vermeil gravés aux noms des détenteurs successifs.

Quelques noms célèbres du palmarès Goncourt :

Marcel Proust (1919), André Malraux (1933), Henri Troyat (1938), Maurice Druon (1948), Julien Gracq (1951) qui refusa le prix, Romain Gary (1956), Roger Vailland (1957), Jacques Laurent (1971), Patrick Modiano (1978), Marguerite Duras (1984), Yann Queffélec (1985), Erik Orsenna (1988), Paule Constant (1998), Pascal Quignard (2002), François Weyergans (2005), Jonathan Littell (2006).

L'académie Mallarmé

À l'instigation de Paul Valéry qui fut un fervent disciple du maître de la rue de Rome, l'académie Mallarmé fut fondée lors d'un déjeuner chez Drouant, le 19 février 1937. Elle comprenait, à l'origine, des familiers du poète : à côté de Paul Valéry, le plus célèbre d'entre eux, on trouvait Saint-Pol-Roux, Jean Ajalbert, André Fontainas, Francis Vielé-Griffin, Paul Fort, Ferdinand Hérold, Édouard Dujardin. Ces huit poètes figurent sur la photo prise dans l'un des salons de Drouant lors du premier déjeuner (elle est aujourd'hui à la bibliothèque littéraire Jacques Doucet). Trois poètes fondateurs manquaient au déjeuner : André Gide, Maurice Maeterlinck et Albert Mockel.

Par la suite, l'académie accueillit en son sein Léon-Paul Fargue, Jean Cocteau, Henri Mondor, Francis de Miomandre, Jacques Audiberti. Ces poètes se réuniront chez Drouant pour un déjeuner mensuel jusque dans les années d'après-guerre et y décerneront leur prix annuel, pour ne pas laisser l'académie Goncourt occuper seule le terrain avec son prix du roman. Mais faute d'avoir remplacé les disparus, l'académie tomba en sommeil durant trois décennies. Sa refondation date de mars 1975. À l'initiative de quelques poètes déjà reconnus comme Charles Le Quintrec, Jean Rousselot, Guillevic et Alain Bosquet, elle se dota de nouveaux statuts, d'un nouveau siège social à l'Hôtel de Massa, avec comme objectifs de perpétuer le souvenir de Mallarmé et de décerner annuellement un prix de consécration. L'académie porta le nombre de ses membres à trente, plus des correspondants étrangers.

Au cours de ces décennies, elle accueillit quelques-uns des meilleurs poètes français et francophones comme Patrice de la Tour du Pin, Max-Pol Fouchet, Luc Bérimont, Robert Goffin, Pierre Emmanuel, Jean Cassou, Michel

Manoll, Hubert Juin, Pierre Seghers, Georges Schéhadé, Géo Norge, Robert Sabatier, Marcel Béalu, Gaston Miron, Jean-Claude Renard, Léopold Sédar Senghor, Claude Esteban, Bernard Delvaille, Robert Mallet. Son actuel président est Lionel Ray. Jean Crizet en est le président d'honneur.

Quelques lauréats du prix Mallarmé :

Andrée Chedid (1976), Jean Joubert (1978), Michel Deguy (1985), Henri Meschonnic (1986), Vénus Khoury-Ghata (1987), Jean Pérol (1988), Guy Goffette (1989), André Velter (1990), Jacques Chessex (1992), Lorand Gaspar (1993), Franck Venaille (1995), Mohammed Dib (1998), Jean Ristat (2008).

18 JUILLET

Petits farcis à la provençale
bandol blanc 2006, Domaine de la Tour du Bon

Lotte rôtie sur arêtes
coteaux-du-languedoc, Domaine de l'Aiguelière

Crème glacée à la vanille

ANTOINE ET LES SIENS

Je voudrais que tu explicites un peu la formule « cuisine inspirée par Antoine Westermann », et que tu nous dises comment elle se traduit sur le terrain.

La formule « cuisine inspirée par Antoine Westermann », inscrite sur les cartes des restaurants que je supervise dans divers pays, est un peu la traduction, dans le travail au quotidien, de ma « philosophie culinaire » : donner l'impulsion à de jeunes cuisiniers auxquels je fais confiance.

Je ne les qualifierai pas de « disciples », car je ne suis pas un maître dont on suit la doctrine, mais plutôt d'« émules », c'est-à-dire de personnes qui cherchent à égaler, voire à surpasser, un modèle de référence. D'ailleurs, l'expression « faire des émules » signifie : « susciter des vocations ». C'est bien là mon ambition.

Au fil des années, voire des lustres ou des décennies, j'ai eu la chance de travailler avec un grand nombre de jeunes cuisiniers de talent. Ils m'ont entouré, ils ont été proches de moi parce que nous avions en commun le même feu sacré pour la cuisine. Je note au passage que l'expression « feu sacré », appliquée à la cuisine, prend une connotation singulièrement forte. Pour autant, je ne suis pas du style à me mettre au piano, à m'imposer pour dire aux autres : « Entourez-moi et regardez : c'est comme cela qu'il faut faire. »

Je viens plutôt avec une idée, à laquelle je donne forme et consistance, puis je dis aux autres chefs : « Allez-y, agissez à votre tour. »

Dans mon esprit, au Buerehiesel, il s'agissait moins de confrontation que de collaboration dans un esprit d'équipe. Il régnait d'ailleurs dans ma maison une telle émulation, un si bel esprit, une telle liberté d'expression, que cela me confortait dans ma façon d'agir. Mais je restais celui qui décidait, mes recettes étaient les miennes, mon regard sur les choses aussi.

Ce qui est extraordinaire aujourd'hui, c'est de voir tous ces jeunes imprégnés de mon style et restés fidèles à leurs racines.

Je connais les plats des uns et des autres ; chacun y met son « grain de sel », sa touche personnelle, et chaque plat est enrichi : c'est pour moi un grand bonheur.

Au moment de ta première étoile, étais-tu le seul maître à bord ou avais-tu déjà plusieurs de tes « hommes » autour de toi ?

Quand j'ai obtenu ma première étoile, j'avais une petite équipe autour de moi : nous étions quatre ou cinq en cuisine, des apprentis et deux commis. C'est vrai que je travaillais souvent jusqu'à deux ou trois heures du matin. D'ailleurs, j'avais souvent besoin de me retrouver seul pour cuisiner, afin de me prouver à moi-même que je méritais mieux que le buffet de la gare d'où je venais. Quand la deuxième étoile est arrivée, j'étais entouré de jeunes cuisiniers qui avaient envie de jouer la même musique que moi. Je mettais une recette au point et d'un coup, en plein service, Hubert, mon numéro 2 me disait : « Chef, si on faisait plutôt comme ça ? » Parfois je disais oui, parfois je disais non, ou alors c'était moi qui changeais. De sorte que, souvent, les recettes évoluaient.

Donne-moi un exemple pour illustrer le propos.

Par exemple, on disait : le foie de canard est poêlé au pavot et servi avec des pêches, poêlées elles aussi. Et pendant le service, quand le maître d'hôtel soulevait la cloche, il découvrait qu'il y avait moitié pavot, moitié sésame, que les pêches étaient non seulement poêlées mais qu'elles étaient enrichies d'une compote de pêches et qu'autour j'avais fait une vinaigrette aux pêches. On était assez éloigné de ce qui était mentionné sur la carte. Et mon maître d'hôtel, un Italien qui ne se démontait pas pour si peu, répondait aux questions des clients en expliquant la composition du plat comme s'il l'avait déjà servi cent fois. C'était presque devenu un jeu entre Sergio, mon équipe et moi !

Mais après le service, il devait rouspéter !

Oui, Sergio venait en cuisine et m'engueulait en me disant que j'aurais quand même pu le prévenir. Mais en fait, il aimait ça et il en redemandait. Cela aussi faisait partie des moments de jubilation ; j'avais un sentiment de grande liberté, n'ayant pas peur de déplaire. J'étais, il faut bien le dire, un peu chien fou. En même temps, je revendiquais le droit à l'erreur, sachant que si je renonçais à ce genre d'improvisations, je risquais de me refermer sur moi-même et, peu à peu, de perdre l'esprit créatif. Et puis je voulais que ma cuisine fût aussi une détente, un amusement. Qui plus est, je refusais toutes les formes de carcan ou de convention.

Pour en revenir à ton goût pour l'improvisation, y avait-il quand même un suivi, après, ou continuais-tu de faire autre chose, t'exposant ainsi à étonner, voire à surprendre ton maître d'hôtel et tes clients ?

Par exemple, à ce moment-là, l'Alsace était envahie par la clientèle allemande qui s'attendait à trouver dans la plupart des restaurants des pommes de terre et des pâtes sous diverses formes. Moi, j'avais décidé d'alléger les saveurs, de faire chanter ma cuisine en y mettant du piquant et de l'acidité, des arômes méditerranéens.
Je disais volontiers à l'époque que j'étais le meilleur cuisinier provençal d'Alsace. Je voulais retrouver aussi une certaine cuisine que j'aimais dans mon enfance. Mon père faisait des vinaigrettes merveilleuses, moitié jus de citron moitié vinaigre. Cette acidité qu'on a redécouverte dans la cuisine française, elle existe depuis toujours, en rendant les mets digestes et en leur donnant du relief.

Reparlons de tes collaborateurs. On est entre la première et la deuxième étoile. Comment les choses évoluent-elles ?

Trois ou quatre ans après avoir obtenu ma première étoile, j'ai compris que je ne pouvais en rester là. Je devais être plus ambitieux. Pour cela, j'avais besoin d'avoir autour de moi, comme dans une équipe de football, des jeunes, ambitieux également, qui avaient envie d'aider le capitaine de l'équipe à gagner. Il fallait donc travailler ensemble dans le même esprit, le même style aussi, mais en laissant toujours à chacun la possibilité de s'exprimer.

À cette époque-là, j'ai vécu, avec ces jeunes, des moments magiques. Le soir, après le service, ils venaient s'asseoir en cuisine au lieu de rentrer chez eux après une dure journée de travail. Il pouvait être dix ou onze heures du soir. J'étais assis au milieu d'eux et nous parlions cuisine, et nous parlions recettes. Certains d'entre eux sortaient de l'apprentissage, d'autres étaient en formation chez moi, d'autres encore avaient déjà eu deux, trois ou quatre expériences. Ces jeunes s'intéressaient au Buerehiesel et, avec mon étoile, je représentais pour eux une sorte d'idéal à atteindre, peut-être, et ils avaient envie de venir travailler avec moi.

Ils devaient se dire : j'ai la chance de travailler avec Antoine Westermann. C'était pour eux une formidable opportunité.

Oui, et par la suite, beaucoup se sont installés pour devenir chefs à leur tour. Mais je crois que, aujourd'hui encore, ils se réclament tous d'avoir été à mon école. Cela me rend heureux et fier.

Récemment, celui qui avait été mon dernier chef au Buerehiesel dînait chez Drouant et il me dit : « J'ai une idée qui me tient à cœur : j'aimerais bien que vous réunissiez tous les chefs qui ont travaillé pour vous. » Je lui ai promis d'organiser cette rencontre au Buerehiesel. Ce sera sûrement un grand moment.

Parmi tous ces gens que j'ai formés, certains se sont retrouvés sur mon chemin comme Vincent Farges, qui est actuellement mon chef au Portugal. Il y a aussi le chef de Mon Vieil Ami, Frédéric Crochet, qui me disait, au moment de partir en vacances : « J'aimerais bien qu'on se retrouve avec Antony… [Antony Clemot]. » Nous nous sommes retrouvés autour d'une table, bien sûr, avec en tête un esprit de fête que j'ai toujours essayé de leur communiquer. En cuisine, même si je pouvais être extrêmement concentré, je restais toujours quelqu'un de joyeux, essayant de susciter des moments de bonheur.

Cette aventure, qu'on pourrait aussi appeler « la conquête des étoiles », et qui a pris du temps, doit susciter une tension considérable et de tous les instants. Pour faire la comparaison avec ce qui se passe chaque année chez Drouant dans le domaine littéraire, je pense aux écrivains qui ont écrit un roman et qui espèrent avoir le Goncourt, un jour ou l'autre.
Cette course aux étoiles doit créer une émulation considérable dans l'équipe de tes collaborateurs.

Dix ans après la première étoile, la deuxième est venue, en 1984. Puis il a fallu attendre encore dix ans pour la troisième, en 1994. Avant d'en arriver là, ce furent en effet, pour moi et pour l'équipe autour de moi, des années de tension, en ayant toujours en tête l'objectif à atteindre et en maintenant l'esprit d'émulation. Mon ambition d'avoir trois étoiles étant nettement affichée, mon chef du moment, Valère Diochet, vint un jour me dire : « Pour avoir trois étoiles, il faut que vous deveniez "plus vache". »

Valère venait de chez Loiseau et j'avais ma deuxième étoile depuis huit ans. Ce jeune cuisinier, quinze jours après son arrivée chez moi, me dit un de ces soirs où nous avions coutume de faire le point de la journée : « Chef, votre cuisine me plaît et je suis heureux de travailler avec vous, mais votre façon de manager ne nous mènera jamais aux trois étoiles. Vous n'êtes pas assez dur avec vos gars. Il faut qu'ils arrivent au boulot hyperconcentrés, qu'ils se sentent toujours en danger. » Je lui ai répondu : « Écoutez, Valère, je vais vous dire clairement le fond de ma pensée : cette troisième étoile, on l'aura ou on ne l'aura pas, mais s'il faut l'avoir en appliquant votre méthode, alors on ne l'aura jamais. »

Bien sûr, il faut de la rigueur, une extrême rigueur si l'on veut atteindre ce niveau, mais cela ne doit pas empêcher la bonne humeur. S'il s'agit de « mettre la pression » en permanence sur les collaborateurs, alors je suis contre cette méthode, assez

L'ultime essai de la poularde en baëkeofe.

destructrice au total, et qui, là où elle était appliquée, finissait par écœurer les jeunes de faire ce métier. Ce ne fut jamais le cas chez moi et c'est une belle satisfaction que de pouvoir se dire : « J'ai donné envie, je n'ai jamais découragé ! »

Pour formuler cela autrement, on pourrait dire que, chaque fois que tu as progressé sur le chemin des étoiles, ces chefs autour de toi ont considéré qu'ils étaient un peu les dépositaires de ton savoir.

Dans mon esprit, c'est vrai, j'ai toujours associé les jeunes chefs autour de moi aux succès que j'ai pu obtenir au Michelin. Mais ces jeunes-là travaillaient plutôt seize heures par jour que sept ou huit, parce qu'ils étaient passionnés par leur métier et qu'ils avaient envie de le faire bien. Si on met des limites et des barrières, on tue la passion.

Je vois mal qu'on puisse faire autrement dans ce métier.

Un soir, j'ai eu la visite de l'inspection du travail. Il devait être 22 h 30. Ils sont descendus en cuisine où il y avait deux jeunes apprentis qui étaient censés partir à 22 heures. Mais ils n'avaient jamais envie de partir et il fallait pratiquement que je les pousse dehors. Ce soir-là, ils étaient partis pour revenir habillés en civil parce qu'ils voulaient voir le pâtissier travailler. Sans l'intervention du préfet du Bas-Rhin, j'aurais été condamné en correctionnelle pour faire travailler des jeunes après 22 heures. J'évoque cette petite anecdote uniquement pour illustrer ce que peut être la passion dans ce métier : elle en est l'essence même. Qu'on réduise le temps de travail pour un ouvrier à la chaîne, cela peut se comprendre, mais dans un métier comme le nôtre cela n'a pas grand sens.

Malgré les conseils de Valère Diochet, je n'ai pas eu à jouer les pères Fouettard pour motiver les jeunes autour de moi jusqu'à la conquête de la troisième étoile. Quand j'ai obtenu la deuxième, il y avait en France cinquante restaurants à deux étoiles. En espérer une troisième me semblait inimaginable, sachant que dix-huit ou dix-neuf établissements seulement avaient ce privilège. Et ma maison n'était pas prête pour se prévaloir de trois étoiles. Le cadre n'était pas à la hauteur, le service et l'accueil un peu justes aussi.

Quatre ans passèrent. Ma cuisine progressa, ma personnalité évolua, les cuisiniers se succédèrent, mais, sachant que j'ai eu quatre chefs en trente ans, on admettra que ce n'est pas énorme. En revanche, j'ai eu des seconds, des chefs de partie qui, eux, ont changé. Ils restaient entre deux et cinq ans, cinq ans étant un maximum parce que les jeunes doivent tourner.

Ces mêmes jeunes, voyant que j'avais deux étoiles depuis maintenant cinq ou six ans, me poussaient à conquérir la troisième, ce que j'entendais bien réussir d'ailleurs. Il me fallait repenser la création, ma cuisine, cette envie de s'exprimer toujours mieux, aller toujours plus loin, donner de l'émotion aux gens, refaire le cadre du Buerehiesel.

Ensuite, il fallait améliorer le service, les prestations en salle, avoir un deuxième maître d'hôtel, un deuxième sommelier, augmenter le nombre de chefs de rang, avoir une hôtesse à l'accueil : tous éléments indispensables à une maison qui ambitionne de conquérir une troisième étoile. J'ai donc osé afficher mes ambitions. Les journalistes se succédaient à Strasbourg et j'ai eu de la presse sur le thème : « Le chef qui mérite mieux que deux étoiles », ou bien : « Le chef qui est un futur trois étoiles ». Tout cela nous stimulait, bien sûr, mon équipe et moi, mais que de stress en même temps ! Il y avait des jours où on avait le sentiment que tout allait s'écrouler, parce que je n'étais pas à la hauteur. D'autres jours, en revanche, tout devenait magique. Sur cent clients, quatre-vingt-dix, en partant, voulaient me serrer la main, me féliciter. Et là, c'était le bonheur absolu. On a la grande chance, dans ce métier, d'avoir un contact direct avec les clients : c'est très gratifiant.

Tu parlais des améliorations qui ont été nécessaires. Pour un restaurant trois étoiles, quelle est la part que le cuisinier doit faire entre le maintien d'une tradition avec des plats emblématiques et la nécessité d'une invention permanente, d'un renouvellement propre à étonner le client ? Il me semble que c'est important.

Oui, c'est important. Moi, j'ai toujours puisé mes idées dans ma mémoire, dans mes souvenirs, dans ce que j'aimais. Cette constante donnait à ma cuisine une base nécessaire. Et quand je créais, c'était toujours autour de quelque chose, avec, au centre, le produit bien sûr, et, autour, les petites fantaisies que je m'autorisais pour donner du relief entre le salé, le sucré et l'acide – qui sont, je le rappelle, les trois saveurs de base – ou du relief aux textures entre le moelleux et le croustillant. Ainsi, quand je goûtais un plat, j'avais mes paramètres et il fallait que toutes les cases soient remplies.

Souvent, mes jeunes, qui s'attendaient à quelque chose de plus sophistiqué chez Westermann, étaient quelque peu désarmés par tant de simplicité dans mon style de cuisine. Je leur disais : « Si j'étais architecte [ce que j'aurais aimé être si je n'étais pas devenu cuisinier], il ne me viendrait pas à l'idée de mettre des poutres là où il n'en faut pas ou de monter un mur là où on n'en a pas besoin. L'architecture, c'est comme la cuisine : tout doit avoir une raison d'être, tout doit être à sa place. Mais toujours dans l'invention d'un nouvel espace et de nouveaux matériaux pour l'architecture, et de nouvelles créations et de nouveaux produits pour la cuisine. »

29 JUILLET

Raie en vinaigrette

sancerre « Moussière » 2006,
Alphonse Mellot

Daube d'agneau,
façon papa Westermann

saint-émilion 2002, Château Soutard

Tarte au citron meringuée

L'ART DES RECETTES

Quelle est pour toi la différence entre la cuisine qui était la tienne il y a trente ans et celle d'aujourd'hui ?

Aujourd'hui, je pense que je serais incapable de refaire la cuisine que je faisais il y a trente ans. Parfois, je me demande comment je procédais, parce que, malheureusement, je n'ai pas toujours pris de notes – ce qui démontre, entre parenthèses, le côté peu prémédité de ma façon d'agir. C'est dommage, mais c'est ainsi. En même temps, si je goûtais aujourd'hui ce que je faisais voici trente ans, je me demanderais si c'était bien moi qui cuisinais. De l'eau a coulé sous les ponts. Peut-être le fait de ne pas prendre de notes était-il une sorte d'acte manqué, du genre : si tu prends des notes, tu seras tenté de reproduire cette recette pendant plus ou moins longtemps, alors que si tu ne la fixes pas, tu ne seras pas tenté de te répéter. C'était peut-être une manière de me prémunir contre la répétition et l'encroûtement.
Mais si je suis honnête avec moi-même, j'aurais plutôt tendance à dire que, à la vérité, je ne me posais même pas ce genre de questions. Je cuisinais comme il me plaisait, ne me souciant guère de laisser des traces ou des exemples à suivre pour l'avenir.

Mais peut-être tes chefs étaient-ils plus prévoyants ?

Sans doute. D'ailleurs, je suis plein d'admiration pour ces jeunes chefs qui, aujourd'hui, établissent des fiches-recettes avec les photos des plats sur leur ordinateur. Si j'avais pratiqué cette technique, je me sentirais peut-être un peu moins orphelin de moi-même. Mais ce n'est pas dans ma nature de cultiver de vains regrets.
Cela n'empêche pas que, maintenant, chez Drouant, j'impose à mes gars d'avoir des fiches techniques et des photos, cela pour une meilleure lisibilité, une meilleure

compréhension. Il est vrai que cela se justifie car je ne suis pas à mon piano. Il existe une grande différence entre l'Antoine Westermann dépositaire de la mémoire et entouré de ses chefs, l'Antoine Westermann cuisinier, qui était au centre du dispositif, et l'Antoine Westermann d'aujourd'hui qui est toujours au centre pour dire et expliquer, pas forcément pour cuisiner. Mais je reste le dépositaire de quelques recettes emblématiques parmi les centaines de recettes que j'ai pu réaliser dans ma vie.

Ces recettes emblématiques ont quelque chose à la fois d'enivrant et de dérangeant, parce qu'on se dit : « De tout ce qui a pu être fait, ne restera-t-il que cinq ou six plats marquants ? » C'est peu de chose, bien sûr, mais peut-être vaut-il mieux ne sauver que dix bonnes recettes dont on saura qui les a inventées.

Dans l'œuvre d'un poète – je suis bien placé pour savoir de quoi je parle –, combien de poèmes sont-ils sauvés parmi les centaines qu'il aura pu écrire ? Au mieux, quelques dizaines. Souvent moins. Peut-être en va-t-il de même pour un cuisinier ? Dans l'histoire de la gastronomie, on connaît la paternité de certaines recettes, quelques dizaines, pas plus. Qu'en est-il pour toi ?

Un plat me vient à l'esprit, que je place en tête : les grenouilles. C'est le plat emblématique qui m'impressionne le plus. Parce que je le trouve bon, cela va de soi, mais j'ai cuisiné des choses plus raffinées, plus créatives. À la vérité, ce plat de grenouilles est pour moi un grand point d'interrogation. Je m'explique : il fait l'unanimité de tous les gourmets, qu'ils soient japonais, chinois, français, russes ou allemands. Et partout, on est loin de manger de la même manière, au Japon, en Allemagne ou en Russie. Mais tous ces gens du monde entier, quand ils parlent de grenouilles, sont illuminés d'un grand sourire de satisfaction.

Mais quelle est l'explication à cela ? En dehors du fait que la chair de la grenouille possède une saveur singulière, une consistance aussi, différente d'un poisson ou d'un crustacé, on en consomme dans tous les pays d'Europe et en Asie. Ce serait donc une question de préparation ?

Il existe une manière traditionnelle, en France du moins et même en Europe, de préparer les grenouilles, c'est la persillade : persil, ail, échalote, beurre mousseux. La plupart des gens associent cuisses de grenouille et persillade. Mes grenouilles, elles, ne ressemblent pas du tout à cela.

D'abord, je pratique une petite chirurgie sur ces cuisses de grenouille en les désossant, de telle manière que l'on ait devant soi comme un petit jambonneau facile à saisir avec les doigts, car il est indispensable, selon moi, de manger les grenouilles avec les doigts. La sensualité y gagne. Donc la chair de la cuisse est reconstituée autour du petit os. Les gens étaient surpris en les voyant arriver ainsi, ensuite ils les mettaient dans la bouche et là, ils sentaient la différence.

Je n'ai pas la prétention d'affirmer que cela n'a jamais été fait, mais je n'ai jamais entendu un client me dire : « J'ai mangé cela à Singapour ou ailleurs. » Préparer ce plat est un de mes grands plaisirs et en même temps, c'est beaucoup de travail.

Et quand je dis que la simplicité, c'est ce qu'il y a de plus difficile à atteindre en cuisine, la préparation des cuisses de grenouille en est sûrement une illustration. Il y a d'abord l'aspect visuel, qui est tout simple, mais il faut rechercher à la fois la texture et le goût ; ce n'est pas évident. Avec ce plat, qui est peut-être la quadrature du cercle, on s'approche sans doute, autant qu'il se peut, de la perfection. Au Buerehiesel, à Strasbourg, les grenouilles étaient sûrement mon plat le plus emblématique, avec le *bäekeofe*. Parfois même je disais à mes gars : « Allez, on arrête de créer et on se concentre sur les grenouilles ! »

Ton fils Éric continue de servir des grenouilles au Buerehiesel, mais ici, chez Drouant, sers-tu ces mêmes grenouilles ?

Ce plat continue, bien sûr, d'être proposé au Buerehiesel. Chez Drouant, je le prépare à la demande de certains clients, mais je ne l'ai pas mis à la carte, justement parce qu'il est à la fois simple et compliqué. Ici, les services sont plus rapides et ce plat n'est pas adapté au contexte. Et puis, c'est un plat qui est cher, ne serait-ce que par la main-d'œuvre, parce que chaque petite cuisse doit être désossée, ce qui prend beaucoup de temps pour une quarantaine de pièces.

J'ai aussi une tendresse pour ce plat parce qu'il s'identifie à l'Alsace, où il y a des grenouilles dans les marais, et qu'il est généralement associé aux *schniederspäetle* qui l'accompagnaient. Je retrouvais là toute mon enfance. Ces fameuses *schniederspäetle*, sortes de lasagnes aux oignons, étaient un plat que ma mère préparait les jours maigres, quand il n'y avait pas de poisson le vendredi. Il se composait d'oignons qu'elle éminçait, faisait revenir au beurre et laissait cuire longtemps à feu doux avec de la crème et du vinaigre. Puis elle préparait une pâte à nouilles et ensuite elle faisait des couches façon lasagnes. Le tout était cuit au four. Un délice !

Parfois, quand ma mère préparait des nouilles, elle utilisait les chutes pour confectionner des *schniederspäetle*, mots qui, entre parenthèses, signifient « lais de tissu du tailleur ». Quand arrivait le vendredi, j'étais heureux à la pensée de goûter ce plat savoureux, moelleux à l'intérieur, croustillant sur la dernière couche.

Ça a l'air bon et ça met l'eau à la bouche mais les prépares-tu toujours de manière traditionnelle ?

De la même façon que j'ai « adapté » les cuisses de grenouille, j'ai recréé les *schniederspäetle* en réalisant des sortes de petites ravioles farcies aux oignons, cuites de la même façon et nappées de crème vinaigrée. Et je présentais ces ravioles sur l'assiette, face aux cuisses de grenouille. La première fois que ma mère a goûté mes *schniederspäetle*, elle était à la fois heureuse et un peu déroutée, et elle m'a dit : « Garçon, dans ta préparation, le goût est bon mais cela manque de générosité. » Elle avait raison, selon son point de vue, mais elle oubliait que, dans mon cas, il fallait que les gens aient envie de manger quelque chose avant et quelque chose après ; il ne fallait donc pas leur servir des rations trop copieuses.

Parle-moi maintenant de cet autre plat emblématique qu'est le bäekeofe, *c'est-à-dire le « four du boulanger ».*

La préparation traditionnelle étant trop longue à cuire, il me fallait adapter cette recette avec d'autres produits susceptibles de pouvoir être préparés le temps d'un service, c'est-à-dire quarante-cinq minutes en gros. Je rappelle que ce plat était mijoté dans une terrine en terre cuite provenant d'une région bien précise en Alsace.

Le problème était : comment faire de cette préparation traditionnelle un plat trois étoiles ? Pas question de prendre les viandes classiques – porc, bœuf, agneau – qui nécessitaient trois ou quatre heures de cuisson. Il était possible, en revanche, tout en conservant les mêmes ingrédients mais en remplaçant les trois viandes par une volaille qui, elle, cuit plus vite, de réaliser ce *bäekeofe* le temps d'un service normal.

Ainsi est né le *bäekeofe* de poulette pattes noires, ou poularde en *bäekeofe*. Cette recette conciliait le respect de la tradition et un changement de cap assez important pour pouvoir prétendre apporter quelque chose de nouveau à ce type de cuisine.

La poulette pattes noires était élevée en Alsace, ce qui était important à mes yeux, et je savais pouvoir la cuire à la demande. Donc, pas question de réchauffage. Je mettais dans la terrine les ingrédients classiques du *bäekeofe*, c'est-à-dire des pommes de terre, du poireau, de l'oignon, du vin blanc, un peu de bouillon de volaille et un peu d'herbes. Et pour ajouter une petite touche de luxe – nous étions en novembre –, j'ai pensé que de la truffe serait appropriée, sous forme de lamelles glissées sous la peau ou d'une truffe entière glissée à l'intérieur de la volaille. Par la suite, je ferai évoluer la recette en ajoutant dans la terrine de l'huile de truffe et des truffes hachées.

Au moment où la terrine était présentée au client, le maître d'hôtel ajoutait quelques tombées de truffes crues avec la râpe à truffes, ce qui complétait les autres textures des truffes cuites et donnait un extraordinaire relief à l'ensemble. Quand le plat arrivait en salle, les gens se retournaient tellement ça sentait bon.

La poularde à la Westermann, au bout de deux ans, connaissait un grand succès. Mes clients l'avaient plébiscitée, de sorte que j'avais beaucoup de mal à l'arrêter en été, quand il n'y avait plus de truffes fraîches.

Comment as-tu résolu le problème ?

J'ai alors pensé à faire une version estivale de cette poularde en *bäekeofe*. Me souvenant de nos cigognes qui, l'hiver, migrent vers les côtes marocaines, je me suis dit que j'allais donner à ma poulette pattes noires estivale une touche d'exotisme méditerranéen, ce qui avait un côté tendance et correspondait à mon goût pour cette cuisine du soleil. Dans cette version, l'huile d'olive remplace l'huile de truffe et si je conserve des pommes de terre grenaille, je remplace le poireau et l'oignon classique par l'artichaut, la tomate et l'oignon grelot. J'ajoute du citron frais, du citron confit, de l'ail et des herbes aromatiques : thym, romarin, persil plat. Pour le reste, la cuisson reste la même et prend une cinquantaine de minutes. Aujourd'hui, je suis incapable de choisir entre la version hiver et la version été. Elles me réjouissent l'une et l'autre et font partie de mes plats favoris.

Bäekeofe (graphie et définition du *Larousse gastronomique*)

Ragoût alsacien de viandes diverses. En partant aux champs le matin, les paysans déposaient chez le boulanger du village la terrine préparée par leur épouse, pour qu'il la lute avec de la pâte à pain et qu'il la fasse cuire (*baeken*) dans son four (*ofen*) après la fournée de pain. Le *bäekeofe*, qui se prépare toujours en Alsace, nécessite une cuisson au four longue et régulière.
Au pays du *bäckeofe, Carnet de croûte*, Jean Fernict, Laffont, « Le vrai plat populaire alsacien est moins la choucroute que le *bäckeofe*. C'est un mélange de trois viandes, le porc (échine), le bœuf (paleron) et le mouton (épaule), cuites avec des pommes de terre, des oignons et du vin d'Alsace. » On y ajoute parfois de l'oie. « [...] Autrefois, la lessive accaparait, le lundi, l'activité de la ménagère. Aussi résolvait-elle le problème de la cuisine familiale en portant chez le boulanger sa terrine garnie qui cuisait alors lentement dans le four, sans qu'elle ait d'autre souci que de la faire chercher par un de ses enfants quand midi sonnait à l'horloge du village. » *Schniederspäetle* : ravioles farcies d'oignons et de lardons ; recette des mères alsaciennes.

21 OCTOBRE

Sardines marinées
avec des tomates confites
et des chipirons en vinaigrette
pinot gris 2004, Frédéric Mochel

Osso-buco avec
des pâtes fraîches
crozes-hermitage « Les Galets »,
Franck Faugier

Compote de pommes
façon Tatin
avec une crème glacée vanille

CUISINE, CRÉATION ET RECRÉATION

Tu as mis ta marque, tu as inventé ou réinventé certains plats, certaines préparations, dont on pourrait dire qu'elles t'appartiennent. Pourrais-tu nous donner quelques exemples ?

Dans ma vie de cuisinier, j'ai « créé » (je mets volontairement le mot entre guillemets) des centaines de plats. En réalité, il y a création et création ou, plus souvent, création et recréation. Le cuisinier assemble des idées dans sa tête et puis réalise dans l'assiette des choses qu'il avait vues ou entendues, mais qui existaient déjà quelque part sous une forme ou sous une autre. Ce qu'il croyait être le premier à faire, il le découvre deux ou trois ans après dans un livre de recettes ou sur une carte. Créer un plat de A à Z relève de l'exploit. En revanche, réinventer, recréer, apprêter à sa façon un plat de cuisine traditionnelle est une démarche différente mais que je privilégie.

À un moment donné je me suis penché sur la cuisine alsacienne, puisque c'est dans cette région que j'exerçais. Prenons le *bäekeofe*, plat traditionnel dans mon pays , comme on l'a déjà évoqué ensemble. Normalement, il doit mijoter cinq ou six heures. Impossible dans ces conditions de le faire goûter à mes clients sauf à le servir réchauffé, ce qui est hors de question. Alors comment faire pour présenter un *bäekeofe* ? Il faut trouver des moyens techniques permettant d'arriver au même résultat que dans la recette traditionnelle. Le *bäekeofe*, c'est du porc, du bœuf, de l'agneau, des pieds de porc. Impossible de cuire cela en trente ou quarante-cinq minutes, le temps d'une commande. Il fallait donc remplacer la matière première par une autre matière première, en l'occurrence la poulette pattes noires, mais en apprêtant celle-ci un peu comme le *bäekeofe*. En réduisant le temps de cuisson et en changeant certains produits, j'arrivais quand même à retrouver l'esprit du plat.

Parlons un peu de tes fils maintenant. Éric a repris le Buerehiesel et ton autre fils, Jean, s'occupe d'une sandwicherie à Strasbourg ; tu en as, semble-t-il, été le précurseur. Pourrais-tu nous raconter comment ce projet t'est venu à l'idée et comment il s'est concrétisé ?

J'ai donc deux fils : Éric, qui a le Buerehiesel, et l'autre, Jean, qui a fait une école de commerce. À un moment de sa vie, il s'était engagé dans une entreprise et, au bout de deux mois, ils devaient licencier du personnel. Lui était devenu quasiment responsable du personnel et ce garçon de cœur et sensible n'était pas fait pour ce genre de travail-là.

Cela n'avait rien à voir avec la restauration.

Rien. Un jour, je lui ai dit : « Jean, on pourrait peut-être faire un truc ensemble ? Actuellement, il y a beaucoup de sandwicheries mais il n'existe pas de sandwicherie de qualité où, à la base, il y a un chef. » En dehors de Ducasse, qui était l'exception qui confirmait la règle à Paris. Et Jean m'a dit : « Oui, pourquoi pas ? » Il est allé sur le terrain, il a regardé ce qui se faisait, moi aussi. Puis il a fallu trouver un local où lui serait le gestionnaire et moi le consultant.

Je me souviens qu'à un moment donné il avait en vue une chaîne de restauration rapide à Paris, qui marchait très, très bien mais où j'estimais que la qualité n'était pas au rendez-vous. Les prix étaient attractifs mais avec des produits de moyenne qualité. Alors j'ai dit à Jean : « Maintenant, il va falloir que tu choisisses. » Lui était parti avec l'idée d'avoir un outil de travail qui rapporterait tout de suite de l'argent. Il avait certainement raison, mais ma propre philosophie dans la vie est plutôt de se faire plaisir et de récolter ensuite.

Ça, c'est ta philosophie mais c'est une prise de position qui n'est pas forcément celle de gens plus jeunes qui, eux, veulent un rendement plus rapide.

Alors, est-ce qu'il a eu raison et moi tort, ou vice versa ?

Vous aviez l'un et l'autre raison sans doute.

Quoi qu'il en soit, j'ai dit à Jean : « Tu réfléchis, tu prends huit jours, mais si tu veux suivre ta ligne, je ne pourrai pas être ton homme, parce que je serai en contradiction avec moi-même. En revanche, si tu acceptes qu'on joue dans une autre division tout en étant dans le marché au niveau des prix, alors tu pourras compter sur moi. » Il a réfléchi et il m'a donné son accord. On s'est donc lancés dans l'aventure à Strasbourg où il a ouvert une « sandwicherie-tartinerie-salades », comme dans la restauration rapide, mais avec la patte d'un cuisinier. Je prétends que, là-bas, on fait des tartines absolument somptueuses, des sandwichs qui sont des sandwichs avec de la recherche culinaire…

C'est toi qui as conçu ces sandwichs ?

Toutes les premières recettes, tous les premiers sandwichs, c'est moi. Ensuite, j'ai mis à disposition un de mes cuisiniers. Puis Jean, qui adore faire la cuisine et qui en a le sens, a imprimé sa touche personnelle. Mais à la base, il y a quand même, quand on parle sandwich, un produit qui est le pain et j'ai décidé, on a décidé, de faire le pain nous-mêmes plutôt que de l'acheter.
Je me souviens qu'à l'époque un copain boulanger me disait : « Mais tu deviens complètement fou, tu es cuisinier et voilà que tu te mets à faire du pain ! » J'ai dit : « Oui, mais c'est du bon pain ! »

Pratiquement, comment ça fonctionne une sandwicherie ?

D'abord, il y a le pain, le meilleur pain possible : donc il faut le faire soi-même, au dernier moment. Mais il y a du pain pour les sandwichs et du pain pour les tartines, qui n'est pas le même. À Strasbourg, on fait des grosses miches, des grosses tartines comme dans le temps, sur lesquelles on étale, par exemple, du caviar d'aubergine et dessus on met du lard de cochon, qui va être grillé après avec du romarin, de la fleur de sel et du poivre. Quand le tout sort de dessous la salamandre et que tu le découpes dans l'assiette, c'est goûteux.

C'est déjà du sandwich extrêmement élaboré, là.

Oui. Par exemple, je peux te faire une salade niçoise sur une tartine.

En fait, tu sembles préférer les tartines.

Les deux ont leur intérêt mais les tartines ont pris le dessus. Pour les sandwichs, si je parle de rillettes de saumon ou de canard…, les rillettes de canard seront sans le gras : c'est du canard avec du jus de volaille et du jus de canard mélangés, tartinés. Et ce jus qui entre dans le pain et qui nous rappelle le simple rôti avec le jus et le morceau, c'est délicieux. Même chose pour le saumon, qui est devenu un poisson banal.

Oui, mais il existe quand même du bon et du moins bon saumon.

Voilà. Et là, le parti pris était d'acheter du bon et de le vendre au prix du marché. Le cochon, lui, est élevé dans les Vosges, il court dans la montagne, il est élevé aux glands et il se retrouve après dans les sandwichs. Toujours le produit de qualité au prix du marché. Peut-être cinquante centimes de plus mais c'est du très bon jambon.

Quand tu dis « au prix du marché », tu veux dire au prix qu'on peut trouver ailleurs mais un peu plus cher quand même ?

Oui, peut-être un demi-euro de plus, c'est tout.

Ça vaut la différence.

Ça vaut vraiment la différence. Aujourd'hui, à Strasbourg, je pense que les sandwicheries de Jean sont loin devant les autres.

Il y a beaucoup de sandwicheries actuellement.

En effet, mais des sandwicheries de cette qualité, je n'en connais pas. Voilà cinq ou six ans que la boutique existe et, tous les ans, elle augmente son chiffre d'affaires, dans une progression à deux chiffres.

Cette boutique, quelle est sa surface ?

Elle doit faire dans les 150 mètres carrés.

C'est déjà grand.

Oui. Elle est dans une rue de Strasbourg qui s'appelle la rue du 22-Novembre. Et ça marche à fond. Maintenant, il y a un deuxième point de vente dans les galeries Lafayette. Et il est en train d'ouvrir une adresse en franchise à Paris. Il a aussi ouvert un service de livraisons en entreprise. Ce sont des livraisons « tartines-sandwichs » et aussi des livraisons plateaux-repas. Là encore, il ne s'agit pas d'inspiration traiteur mais d'inspiration cuisinier.

Ton fils pourrait bien finir restaurateur! Les Westermann, on dirait que vous avez ça dans le sang: vous commencez avec un sandwich, et puis…

C'est peut-être vrai, mais tout cela m'amusait, en même temps. Et puis, j'ai la chance d'avoir dans mes relations des industriels de la restauration qui, techniquement, peuvent m'apporter des solutions. Aujourd'hui, il y a d'autres chefs trois étoiles qui ouvrent des sandwicheries. Voilà maintenant six ans que la sandwicherie Westermann existe, se développe bien et sans bruit.
Pas plus tard que ce matin, je me suis levé de bonne heure parce qu'une Parisienne qui a vu cette sandwicherie voudrait en ouvrir une à Paris. Donc je suis allé visiter un local. Ce ne sera pas moi qui le ferai, bien sûr.

Non, mais ce sera fait façon Westermann…

Autant qu'ils profitent de l'expérience des vieux!

Là, tu es vraiment dans le vent de l'actualité, parce que la sandwicherie est promise à un développement, en tout cas pendant un certain temps. En plus, c'est très « tendance », comme disent les magazines.

C'est très tendance. La restauration rapide sert à se nourrir. Mais j'ajoute: se nourrir avec plaisir en mangeant des produits de qualité et des produits sains. La restauration rapide était jusqu'à présent réservée à des gens qui voulaient gagner de l'argent. Aujourd'hui, un cuisinier peut dire: argent, oui, certainement, il faut en gagner, mais la table, c'est aussi le plaisir. Se nourrir pour se nourrir, ce n'est pas très excitant.

Donc Jean Westermann marche très bien, il se développe et, probablement, va bientôt ouvrir un restaurant. Vous êtes incorrigibles, les Westermann ! Vous me faites penser à la fameuse formule : « Il faut suivre sa pente, mais en montant. »

À propos, je ne t'ai pas parlé de la boutique Westermann. La boutique est ouverte depuis treize ou quatorze ans, je ne sais plus. Elle a une histoire.

On a commencé par la fin… Où est-elle, cette boutique ?

Elle est rue des Orfèvres à Strasbourg : c'est la plus belle rue commerçante de la ville, à côté de la cathédrale. Et l'histoire est la suivante. Je suis chez Georges Blanc, à Vonnas, avec ma femme, on dîne. Le lendemain matin, je passe devant la place du village avec ses boutiques et je me dis : « Nom d'une pipe, Georges Blanc, il réussit vraiment tout. »

Là, nous sommes des années en arrière.

Oui, douze ou quinze ans. Je monte dans la voiture et je dis à ma femme : « Écoute, les chefs qui font partie des Relais et Châteaux à Strasbourg, avec leur hôtel et leur restaurant, à côté, ils ouvrent une boutique, et nous, on ne peut pas le faire parce qu'on est dans un parc. Alors, je vais ouvrir une boutique à Strasbourg et je vais trouver un emplacement. » C'était d'autant plus important pour moi que la femme de Jean, Anne, travaillait à l'époque dans un magasin de la chaîne Decathlon et j'avais envie de la sortir de là. Je quitte Georges Blanc et, dans les cinq minutes, je prends le téléphone dans la voiture et je dis : « Anne, écoute-moi bien : voilà ce qu'on va faire. [On était en juillet.] À Noël, une boutique sera ouverte à Strasbourg à mon nom et c'est toi qui vas la gérer. » Anne pense : « Ça y est, le vieux est devenu complètement fou ! » Mais je lui ai expliqué tout de suite comment je voyais la chose. Au mois de septembre, j'ai trouvé l'emplacement, à Noël, on a ouvert. Cette boutique est un magnifique endroit du type Fauchon où je vends tous les produits qu'on peut imaginer.

Comment s'appelle cette boutique ?

La boutique d'Antoine Westermann.

C'est toujours ta belle-fille qui s'en occupe ?

Oui, Anne gère parfaitement bien la boutique. Et aujourd'hui, on fait aussi du traiteur, du pâté en croûte, des plats cuisinés, du thé, du vin… Sur deux niveaux, c'est vraiment un magasin génial que je recommande à tout le monde parce que c'est un peu la caverne d'Ali Baba : tu entres là-dedans, tu as envie de tout acheter.

Aujourd'hui, tu couvres ainsi toute la gamme, de la boutique à la grande table en passant par la sandwicherie. On ne voit pas très bien ce qui manque à ton palmarès. Peut-être un jour des plats cuisinés ou des produits lyophilisés ? Je pense à cela parce que je vois dans certaines boutiques des barquettes de plats cuisinés signés Bernard Loiseau ou Joël Robuchon : je ne sais pas ce que ça vaut. Sans doute est-ce plutôt convenable ?

En fait, je touche aussi à cela. Nous n'avons pas encore parlé de mon implication dans la cuisine industrielle.

On l'a évoquée, mais tu ne t'étais pas exprimé là-dessus de manière précise.

Je dois te dire que, depuis onze ans, je travaille pour les magasins U…

Les Nouveaux Commerçants ?

Oui, je suis dans les coulisses pour préparer les plats dans une gamme qui s'appelle « les Saveurs U ». C'est le haut de gamme, à la fois des plats cuisinés, des plats suivis, du surgelé, des plats traiteurs… Aujourd'hui, si tu vas dans un magasin U, derrière « les Saveurs U », il y a un peu de moi. Mais mon nom n'apparaît nulle part. C'est notre volonté conjointe, aux magasins U et à moi.

Cite-moi un plat qu'on trouve dans ces « Saveurs U ».

Des blanquettes de veau…

Et tu considères que c'est convenable ?

Non seulement c'est convenable, mais c'est même bien. Avec le chef de produit je choisis les gens qui vont les fabriquer et ensuite je fais mon boulot de cuisinier. En ce qui me concerne, c'est du travail, mais du travail très valorisant. Cela me permet de dire qu'un cuisinier trois étoiles peut aussi rendre la vie plus agréable aux gens qui ne veulent dépenser que trois ou quatre euros pour manger. Et aussi que la cuisine, même abordable, peut être faite intelligemment.

Tu dis que ton nom n'apparaît pas. Est-ce parce que tu ne le souhaitais pas pour préserver ton image, sans pour autant renier ce travail, ou est-ce pour d'autres raisons ?

Chez U, il y a un patron, Serge Papin, un homme formidable et visionnaire. Il pense que la modernité n'est pas dans la vente de l'image du chef et je partage son avis : même sans l'image ni le nom du chef, le fait de vendre sous « Saveur U » est une garantie de qualité. Les gens disent : « C'est bon », et cela se traduit dans les ventes ; l'année dernière, elles ont augmenté de façon importante pour tous les plats.

De toute façon, même si ton nom apparaissait, je suppose que 99 % des gens qui achètent « les Saveurs U » ne sauraient pas qui est Antoine Westermann. Sans vouloir t'offenser.

J'en suis absolument conscient. Donc, peu importe la tête du chef. L'important, c'est la différence. Et ce registre-là est totalement gagnant. Cette activité me plaît beaucoup. Parfois, je passe des journées entières dans les usines, à visiter, à regarder, à discuter.

Où sont-elles ces usines ? En France ?

Oui, partout en France. Pour moi, c'est du bonheur.

C'est ton côté : « de la bonne cuisine pour tout le monde ».

Voilà, oui. Je trouve que l'agroalimentaire a fait de gros progrès.

En effet, c'est incontestable !

Grâce, disons-le, aux chefs qui participent à la restauration maintenant.

Par exemple, tu dis : « J'ai préparé une sauce. » Tu t'assures que la confection maintient le cap, reste au niveau ?

À chaque fabrication, les produits arrivent, je goûte et je donne mon accord.

Donc tu ne laisses rien passer.

Rien.

9 DÉCEMBRE

Poireaux vinaigrette
pinot noir 2005, Frédéric Mochel

La généreuse entrecôte Simmenthal, échalotes confites et jus au pinot noir
côtes-du-lubéron « Côté Terroir » 2004,
Domaine Guillaume Gros

Irish coffee

LA CUISINE EN FAMILLE

Tes deux fils ont un avenir certain dans la restauration, tes frères et sœurs ont-ils aussi reçu de tes parents le goût de la cuisine ?

Non seulement mon frère est un excellent cuisinier, mais il aime partager. Sa femme, Martine, excelle aussi au piano et c'est un bonheur rare d'être en leur compagnie.

C'est celui qui est dans la maison familiale de Wissembourg et qui fait de la peinture ?

Oui. Par exemple, il me donne un coup de fil et me dit : « Antoine, j'ai préparé un lapin. Où es-tu ? À Paris, à Nice, à Marseille ? Demain, tu passes à table. » Il sait vraiment faire la cuisine. Et j'ai deux sœurs aussi qui sont de très bonnes cuisinières, à l'instinct.

Où vivent-elles, tes sœurs ?

L'une, Odile, réside à Wissembourg : elle est maigre comme un clou, elle ne mange pas mais elle fait merveilleusement bien à manger et elle ne goûte pas ce qu'elle fait.

C'est curieux les femmes. La mienne se débrouille bien et réussit les plats qu'elle prépare mais elle ne goûte jamais. Elle s'étonne toujours que moi, je goûte.

Les femmes, *a priori*, n'ont pas besoin de goûter. Mon autre sœur, Madeleine, est aussi une très bonne cuisinière. Quand elle reçoit, elle s'y prend quarante-huit heures à l'avance, comme le faisait mon père. Parce qu'elle a besoin d'avoir une table pleine, elle se dit qu'il n'y en aura jamais assez, que ce ne sera jamais assez bon. Elle aime bien être dans le registre paternel, alors qu'Odile est dans le registre de la cuisine spontanée, que j'apprécie beaucoup.

De gauche à droite : Jean, moi et Viviane. Les 70 ans de papa

Éric, moi et Jean

Ton frère habite dans la maison de votre enfance, tes sœurs sont toujours dans la région de Strasbourg ; et toi, où as-tu posé tes bagages ?

Dans le sud de la France ! Dans une belle maison provençale.

Et je suppose que pour les fêtes de Noël qui approchent, tu y recevras ta famille. Dis-nous ce que tu comptes préparer…

Tout bonnement une oie braisée farcie.

Oui, mais encore faut-il faire la farce, faire braiser la bête ; est-ce aussi simple que cela ?

C'est vrai et, pour moi, une recette n'est jamais terminée. Ma farce, je l'ai revue dix fois. Et chaque fois je me disais que là, elle était au point ; et quand elle était vraiment au point, je me disais le lendemain : « Eh bien non, elle n'est peut-être pas encore au point… »

De gauche à droite : Gérard, mon frère aîné, Odile, ma sœur aînée, papa, moi et Madeleine, ma petite sœur.

Cette recette de farce, tu l'as formalisée ? Les ingrédients, les proportions, la réalisation ?

Oui, tout est pesé, calculé. Mais quand je la fais dans la Drôme maintenant, j'essaie de me rapprocher un peu plus du terroir, je trouve des produits locaux.

Pour que ça donne plus d'arômes, plus de saveurs ?

Voilà.

Par exemple, cette farce d'oie : quelles sont les composantes essentielles qui font sa spécificité, indépendamment des abats ?

Ses composantes, ce sont bien sûr le foie, le gésier, le cœur de l'oie, c'est de la brioche qu'on imbibe de lait, ce sont des herbes hachées, une pointe d'ail. Et je ne pensais pas que l'oie, plat rustique, pouvait se marier avec de la truffe fraîche. Finalement, je me suis trompé : quand l'oie est braisée, il y a un super jus, qui est très goûteux, et si là-dessus on rajoute à la rusticité un autre produit rustique lui aussi, mais de luxe, la truffe, alors le mariage est excellent.

Madeleine, boudeuse, et moi.

De gauche à droite : Odile, moi, Madeleine... Il manque Gérard.

Madeleine et moi, déjà de bons compères.

Comment intègres-tu la truffe ?

Quand tout est braisé, tout est cuisiné pendant de longues heures, la truffe arrive au dernier moment comme la cerise sur le gâteau, râpée dans l'assiette, sur quelques pommes de terre, un peu de salade, un peu d'oie ; et là, c'est pour moi la fraîcheur raffinée, le petit clin d'œil du plaisir.

Antoine, nous avons évoqué ensemble beaucoup de sujets au cours de nos entretiens gourmands. Durant ces décennies, tu as fait à peu près tout ce qu'on peut faire dans ta profession et tu n'as pas encore dit ton dernier mot. Ta vie est tissée de travail, d'amitiés, de cuisines. Tu vis avec une femme que tu aimes et avec qui tu collabores, et auprès de laquelle tu te sens bien. Vous vous êtes installés dans un beau mas de Provence et, là-bas, tu cuisines pour tes proches. Tu es un homme comblé mais riche encore de projets. Considères-tu que, aujourd'hui, à un peu plus de 60 ans, tu as réussi ta vie ?

Voilà une question terrible.

Alors je vais la formuler autrement : est-ce que tu es heureux ?

Heureux, je le suis, sûrement. Ai-je réussi ma vie ? Je n'en sais rien. Ma vie professionnelle certainement. Dans ma vie privée, il y a sans doute des moments où j'aurais pu faire autrement et mieux. Je dirais que, dans l'ensemble, j'ai fait de mon mieux. Mais ai-je toujours rendu heureux mes proches, su regarder au-delà des apparences, avec patience et compréhension ? Terrible question effectivement. Aujourd'hui, j'ai la chance d'avoir une maison. Tous les cuisiniers rêvent d'avoir un jour une maison organisée autour de la cuisine : c'est le cas de la mienne dans la Drôme provençale.

Elle est grande, ta cuisine ?

Oui, elle est grande.

Combien de mètres carrés ?

Elle occupe la moitié de la maison. C'est une cuisine où il y a toutes sortes de matériels, de fours. Viking, la grande marque américaine, a réalisé mon rêve.

En fait, tu pourrais ouvrir un restaurant là-bas.

Au niveau technique, oui.

Ou une table d'hôtes en tout cas.

J'ai tout, de la chambre froide à la plaque à induction et au four à vapeur. Et en même temps, j'ai quelqu'un à côté de moi qui sait faire la cuisine, qui sait utiliser tous ces instruments et qui, de temps en temps, me dit : « Tiens, installe-toi là-bas, dans le fauteuil. Tu as assez travaillé ! Maintenant, laisse-toi faire, laisse-toi servir. » Et elle fait tout. Elle a une grande dextérité, elle aime bien la cuisine ethnique, la cuisine qui a du caractère…

Nos entretiens, cher Antoine, touchent à leur fin et je le regrette déjà. Peut-être aurais-je dû te « cuisiner » davantage en te demandant, par exemple, ce qu'est pour toi l'image même du bonheur sur terre.

Pour moi, la réponse est simple et sans détours : le bonheur, à mes yeux, est d'être à table avec des proches, des amis choisis et d'y rester le plus longtemps possible dans une belle convivialité qu'on voudrait ininterrompue.

Je te comprends, mais en même temps, si l'on veut se remettre à table, il faut bien se séparer à un moment donné pour mieux se retrouver ensuite.

C'est évident, mais n'empêche qu'il m'est toujours aussi difficile de quitter une bonne table en brisant le charme qui s'y est tissé !

Si tu veux bien, nous allons rester sur cette proposition qui sonne un peu comme une fausse contradiction. Et pour conclure, je te suggère de laisser la parole au grand Brillat-Savarin, dont la Physiologie du goût *et les méditations de gastronomie transcendante demeurent une référence incontournable pour tout gourmet digne de ce nom. Dans ses aphorismes pour servir de prolégomènes à son ouvrage, Brillat-Savarin écrit : « Le plaisir de la table est de tous les âges, de toutes les conditions, de tous les pays et de tous les jours ; il peut s'associer à tous les autres plaisirs, et reste le dernier à nous consoler de leur perte. »*

Tout est dit.

LES TROIS MAISONS D'ANTOINE

Trois maisons ont balisé la vie d'Antoine Westermann. Contrairement à celles de Cadet Rousselle qui n'avaient ni poutres ni chevrons et où logeaient les hirondelles, les siennes sont solides de la base au sommet, résistent depuis des siècles aux assauts du temps et sont peuplées de bons vivants.

La première maison d'Antoine s'appelle la Maison du Sel. Elle est la demeure familiale où vit encore un de ses frères. Construite à Wissembourg, dans le Bas-Rhin, en 1448, elle servit d'abord d'hôpital, puis de dépôt de sel et, au XVIIe siècle, d'abattoir. Imposante bâtisse alsacienne surmontée d'un toit monumental à degrés qui fait un peu penser à la pyramide égyptienne de Saqqarah, elle trône au cœur de la ville depuis bientôt six siècles.

Antoine y a passé son enfance. C'est là qu'au retour de l'école, en montant l'escalier, il tentait de deviner, à l'odeur, ce que sa mère préparait en cuisine. C'est là qu'il accompagnait son père à la cave pour choisir la bouteille du dimanche. C'est là encore qu'il rêvait, au grenier, du jour où il deviendrait cuisinier « pour de vrai ». Les escaliers de cette maison à la fois natale et onirique ont sûrement creusé en lui la demeure du souvenir : « Une marche, trois marches, voilà qui est suffisant pour définir des royaumes », écrivait Gaston Bachelard, le philosophe poète à la barbe fleurie.

Dans la cuisine familiale, le jeune Antoine fit ses premières armes sous la houlette de son père et de sa mère, avant de partir en apprentissage au buffet de la gare de Strasbourg. La vocation allait se transformer en savoir-faire ; le savoir-faire en talent exceptionnel.

La Maison du Sel

Le Buerehiesel

Drouant

La deuxième maison d'Antoine fut le Buerehiesel, cette maison paysanne édifiée à Molsheim au XVIIe siècle, démontée pièce par pièce puis reconstruite en l'état dans le parc de l'Orangerie à Strasbourg, à l'occasion d'une exposition industrielle et artisanale en 1895.

Par la suite, la vieille ferme de 1607 devint un restaurant-brasserie populaire et le resta jusqu'en 1970, date à laquelle Antoine put la racheter grâce à l'aide de son père. En 1975, il obtenait sa première étoile quand il n'avait que 28 ans. Dans cette maison-là aussi, Antoine monta et descendit les escaliers de la cave voûtée en briques où dormaient les bonnes bouteilles et les produits du terroir en bocaux jusqu'à la galerie puis à l'étage supérieur où il allait parfois se reposer après d'interminables journées de travail.

Une des façades de Drouant

La troisième, mais sûrement pas la dernière maison d'Antoine, est celle de la place Gaillon à Paris, où il s'est installé en 2005 après avoir rendu ses trois étoiles du Buerehiesel à ces messieurs du Michelin et passé le flambeau à son fils Éric qui, depuis, a gagné la sienne propre. Au sommet de sa gloire, Antoine Westermann se remettait en question et se lançait dans une nouvelle aventure dans un autre lieu historique, le restaurant Drouant, dont l'enseigne qui orne la maison à l'angle des rues Gaillon et Saint-Augustin porte la date de 1880.

> Après l'Alsacien Charles Drouant, un autre Alsacien s'installait, 125 ans plus tard, dans ce lieu emblématique de la restauration parisienne quelque peu tombé en sommeil.

Là encore, Antoine allait trouver son escalier. Celui-ci, pur produit de l'Art déco des années 1920, voulu par l'architecte Louis-Hippolyte Boileau, père du Bon Marché et du Lutetia, puis dessiné par le décorateur Jacques-Émile Ruhlmann, est doté d'une somptueuse rampe en fer forgé, et il relie le rez-de-chaussée à la mezzanine sur laquelle ouvrent des salons, dont celui des Goncourt.

Intérieur de Drouant

Contrairement à Coco Chanel qui, dans son escalier de la rue Cambon, s'asseyait un peu en retrait pour assister, invisible, à la présentation de ses modèles au rez-de-chaussée, Antoine Westermann, lui, avale son escalier quatre à quatre, je ne sais combien de fois par jour, au vu et au su de tout le monde, pour aller des cuisines et des salles à son bureau et aux salons, en athlète complet de la grande restauration qu'il est.

La tradition herméneutique, c'est-à-dire celle de l'interprétation des signes comme éléments marquants d'une culture, nous apprend que l'escalier symbolise une progression vers la connaissance et le savoir, une explication de notre destin. S'il en est ainsi, alors Antoine Westermann doit se sentir en parfaite harmonie avec lui-même puisque, depuis l'enfance, il ne cesse de monter et descendre dans ses maisons magiques, vers les territoires élus de son accomplissement.

Jean Orizet

D

WES

UN LIVRET
E RECETTES
D'ANTOINE
TERMANN

Mes recettes de gamin

Dès 8 ans, je pris le goût de m'enfermer dans la cuisine pour faire « fabriquer » mes desserts préférés…

Quelques recettes de mes parents

Celles de papa…

Celles de maman…

Un hit-parade de mes recettes préférées dans les étoiles

La crème renversée à l'orange

Marché pour 4 personnes

> 4 jaunes d'œuf
> 60 g de sucre semoule (ou sucre de canne roux ou blond)
> 35 cl de crème liquide
> 10 g de beurre
> ½ gousse de vanille
> 40 g d'oranges confites
> 2 oranges
> 100 g de sucre semoule
> 1 dl d'eau

Préparation

→ BLANCHIR LES JAUNES D'ŒUF EN LES FOUETTANT AVEC LE SUCRE SEMOULE, PUIS AJOUTER LA CRÈME. COUPER LA ½ GOUSSE DE VANILLE EN 2 DANS LE SENS DE LA LONGUEUR POUR EN EXTRAIRE LES GRAINES EN RACLANT AVEC LE DOS D'UN COUTEAU ET LES INCORPORER.

→ VERSER DANS 4 RAMEQUINS BEURRÉS, COUVRIR D'UN PAPIER ALUMINIUM ET CUIRE AU FOUR À 90 °C (THERMOSTAT 3) PENDANT 1 H AU BAIN-MARIE. LAISSER REFROIDIR.

→ ÉPLUCHER 2 ORANGES AU COUTEAU ÉCONOME, PUIS TAILLER LES ZESTES D'ÉCORCE EN JULIENNE ET LES BLANCHIR 2 MIN DANS L'EAU BOUILLANTE. FAIRE BOUILLIR LE DÉCILITRE D'EAU ET LES 100 G DE SUCRE SEMOULE POUR OBTENIR UN SIROP ET Y CONFIRE LES ZESTES PENDANT 15 MIN.

Finition

→ DÉMOULER LA CRÈME RENVERSÉE AU MILIEU DE L'ASSIETTE ET DÉCORER AVEC LES ZESTES D'ORANGE CONFITE.

Le riz au lait à la vanille

Marché pour 4 personnes

Pour la base :

> 160 g de riz rond
> ¾ l de lait entier
> 40 g de sucre semoule (ou sucre de canne blond ou roux)
> 2 gousses de vanille

Pour la crème anglaise :

> 1,25 dl de lait
> 2 jaunes d'œuf
> 120 g de sucre semoule (ou sucre de canne blond ou roux)
> 2 gousses de vanille

Pour la finition :

> 2 cuillères à soupe de crème fouettée

Préparation

La base

→ VERSER LE RIZ ROND DANS UNE CASSEROLE, LE RECOUVRIR D'EAU. PORTER À ÉBULLITION ET LAISSER BOUILLIR PENDANT ENVIRON 5 MIN. RAFRAÎCHIR ET ÉGOUTTER LE RIZ DANS UNE PASSOIRE. REMETTRE LE RIZ DANS LA CASSEROLE AVEC LE LAIT, LE SUCRE ET LES 2 GOUSSES DE VANILLE FENDUES DANS LE SENS DE LA LONGUEUR. PORTER À ÉBULLITION EN REMUANT SOUVENT ET MAINTENIR LA CUISSON PENDANT UNE VINGTAINE DE MINUTES À FEU DOUX JUSQU'À CE QUE LE RIZ SOIT MOELLEUX ET QUE LE LAIT SOIT ABSORBÉ.

La crème anglaise

→ DANS UNE CASSEROLE, FAIRE BOUILLIR LE LAIT AVEC LES GOUSSES DE VANILLE FENDUES EN 2 DANS LE SENS DE LA LONGUEUR. PENDANT CE TEMPS, MÉLANGER LES JAUNES D'ŒUF ET LES 40 G DE SUCRE DANS UN SALADIER EN FOUETTANT JUSQU'À CE QUE LE MÉLANGE BLANCHISSE. VERSER ENSUITE LE LIQUIDE BOUILLANT SUR LES JAUNES D'ŒUF TOUT EN FOUETTANT. REMETTRE LA PRÉPARATION DANS LA CASSEROLE ET CONTINUER À CUIRE TOUT EN REMUANT CONSTAMMENT ET RÉGULIÈREMENT À L'AIDE D'UNE SPATULE. LA CRÈME NE DOIT PAS BOUILLIR. LA RETIRER DU FEU LORSQU'ELLE NAPPE LE DOS DE LA SPATULE. PASSER AU CHINOIS FIN ET REFROIDIR RAPIDEMENT.

Finition

→ INCORPORER LA CRÈME ANGLAISE AU RIZ AU LAIT, PUIS DÉLICATEMENT 2 CUILLÈRES À SOUPE DE CRÈME FOUETTÉE.

Le mendiant aux fruits
ou épices de saison avec sa crème anglaise

Marché pour 4 personnes

> 1 kg de pain rassis
> 800 g de fruits de saison, soit pommes, poires, raisins, cerises au sirop égouttées…
> 50 cl de lait bouillant
> 125 g de sucre
> 5 œufs entiers
(en option : 2 cl de kirsch, sinon mirabelle, ou encore poire williams)
> zestes râpés d'1 citron jaune
> 1 pincée de vanille
> 1 cuillère à café de cannelle en poudre

Préparation

→ CHAUFFER LE LAIT PUIS LE VERSER SUR LE PAIN ÉMIETTÉ POUR LE DÉTREMPER. ÉCRASER ENSUITE LE PAIN À LA MAIN. AJOUTER LE SUCRE, LES 5 ŒUFS, LE CITRON EN ZESTE, LE KIRSCH, UN PEU DE VANILLE ET LA CANNELLE EN POUDRE. MÉLANGER LE TOUT PUIS AJOUTER AU DERNIER MOMENT LES FRUITS DE SAISON CHOISIS COUPÉS EN MORCEAUX. BEURRER GROSSIÈREMENT UN MOULE EN TERRE CUITE OU À CAKE, PUIS VERSER L'APPAREIL DANS LE MOULE. CUIRE AU FOUR CHAUD PENDANT ENVIRON 50 À 60 MIN. SERVIR SUR TABLE DANS LE MOULE EN TERRE CUITE.

Le petit pâté chaud de papa

Marché pour 4 personnes

Pour la base :

> 500 g de pâte feuilletée
> 40 g de farine (pour étaler le feuilletage)
> 2 jaunes d'œufs (dorure)

Pour la farce :

> 400 g de noix de porc
> 60 g de gras de porc
> 150 g d'échine de porc
> 1,5 dl de vin blanc
> 1 échalote
> 2 brindilles de thym
> ½ feuille de laurier
> 1 pincée de 5 épices
> sel
> poivre noir

Pour la salade :

> 300 g de mélange de salades de saison : pissenlit, batavia, laitue...
> 60 g de mélange d'herbes (cerfeuil, ciboulette, persil plat, estragon)
> 3 cuillères à soupe d'huile d'arachide
> 1 cuillère à soupe de vinaigre de xérès
> 1 cuillère à soupe de jus de citron
> sel
> poivre noir

Préparation

Les petits pâtés

→ LA VEILLE. DÉTAILLER LA NOIX DE PORC EN PETITS DÉS ET HACHER L'ÉCHINE ET LE GRAS DE PORC. MÉLANGER. ÉPLUCHER ET TAILLER FINEMENT L'ÉCHALOTE. DANS UN SALADIER, FAIRE MARINER LA VIANDE AVEC LE VIN BLANC, L'ÉCHALOTE, LE THYM ET LE LAURIER. ASSAISONNER DE SEL, DE POIVRE ET D'UNE PINCÉE DE 5 ÉPICES. RÉSERVER AU RÉFRIGÉRATEUR PENDANT UNE NUIT.

→ LE JOUR J. FARINER LÉGÈREMENT LA TABLE DE TRAVAIL. AVEC UN ROULEAU À PÂTISSERIE, ABAISSER LA PÂTE FEUILLETÉE À 5 MM D'ÉPAISSEUR. À L'AIDE D'UN EMPORTE-PIÈCE ROND DE 14 CM DE DIAMÈTRE OU, À DÉFAUT, D'UNE PETITE ASSIETTE, DÉTAILLER 4 DISQUES. AU MILIEU DE CHAQUE DISQUE, RÉPARTIR LA FARCE DE PORC. PUIS AVEC UN PINCEAU, HUMECTER LE BORD DU ROND AVEC UN ŒUF BATTU. REPLIER LE ROND DE LA PÂTE DE MANIÈRE À FORMER UNE DEMI-LUNE ENFERMANT LA FARCE. POUR SOUDER LA PÂTE, PRESSER LES BORDS ENTRE LE POUCE ET L'INDEX. À L'AIDE D'UN PINCEAU, BADIGEONNER LÉGÈREMENT DE DORURE ET DÉCORER SELON VOTRE GOÛT LE DESSUS AVEC LA POINTE D'UN COUTEAU. DISPOSER LES 4 PÂTÉS SUR UNE PLAQUE À PÂTISSERIE. PRÉCHAUFFER LE FOUR À 220 °C (THERMOSTAT 7-8). PUIS CUIRE LES 4 PÂTÉS. APRÈS 15 MIN ENVIRON, BAISSER À 180 °C (THERMOSTAT 6). CONTINUER LA CUISSON ENCORE 10 MIN.

La salade

→ TRIER ET LAVER LES DIFFÉRENTES SALADES ET HERBES. PRÉPARER LA VINAIGRETTE AVEC L'HUILE D'ARACHIDE, LE VINAIGRE DE XÉRÈS, LE JUS DE CITRON, LE SEL, LE POIVRE. MÉLANGER LA SALADE AU DERNIER MOMENT.

Le baba au rhum

Marché pour 8 personnes

Pour la pâte à baba :

> 170 g de farine
> 2 œufs
> 4 cuillères à soupe de lait
> 4 g de levure à pétrir
> 22 g de sucre
> 4 g de fleur de sel
> 125 g de beurre

Pour le sirop au rhum :

> 1 l d'eau
> 500 g de sucre
> 6 cuillères à soupe de rhum
> 600 g de crème fraîche

Le secret d'un bon baba, c'est d'être humidifié au sirop de rhum avec une grande régularité jusqu'au moment de le servir...

Préparation

→ MÉLANGER LA FARINE, LES ŒUFS, LE LAIT ET LA LEVURE JUSQU'À CE QUE LA PÂTE SE DÉCOLLE DU RÉCIPIENT, ENVIRON 10 MIN. RASSEMBLER LE SUCRE ET LE SEL ET LES AJOUTER À LA PRÉPARATION. ATTENDRE À NOUVEAU JUSQU'À CE QUE LA PRÉPARATION SE DÉCOLLE. AJOUTER LE BEURRE ET ATTENDRE À NOUVEAU LE DÉCOLLEMENT. LAISSER REPOSER UNE NUIT EN RÉFRIGÉRATEUR.

→ LE LENDEMAIN, ROULER ET POSER DANS LE MOULE À CUISSON BEURRÉ. IL FAUT BIEN APLATIR LA PÂTE DANS LE MOULE AFIN QU'ELLE EN ÉPOUSE TOTALEMENT LA FORME.

→ LA FAIRE POUSSER AU FOUR À 40 °C JUSQU'À CE QU'ELLE MONTE À 3/4 DU MOULE, PUIS LA METTRE À NOUVEAU AU FOUR À 180 °C, POSER UNE CASSEROLE OU QUELQUE CHOSE DE LOURD POUR QUE LA PÂTE NE GONFLE PAS EN DEHORS DU MOULE. LAISSER LA PÂTE CUIRE 40 MIN, PUIS ENLEVER L'OBJET LOURD EN LA MAINTENANT AU FOUR ENVIRON 10 MIN.

→ DÉMOULER LA PÂTE IMPÉRATIVEMENT SUR LA GRILLE, LA LAISSER REFROIDIR. PUIS SÉCHER AU MOINS UNE DEMI-JOURNÉE. COUPER LES TRANCHES SOUHAITÉES, LAISSER SÉCHER UNE DEMI-JOURNÉE À L'AIR.

→ PRÉPARER LE SIROP : FAIRE BOUILLIR L'EAU ET LE SUCRE, PUIS AJOUTER LE RHUM. DANS LE SIROP CHAUD TREMPER AVEC UNE ÉCUMOIRE LES MORCEAUX DE BRIOCHE UN PAR UN. SORTIR AU BOUT DE 15 S, PUIS LE DÉPOSER SUR LA GRILLE POUR QUE L'EXCÉDENT DE SIROP S'ÉCOULE. FOUETTER LA CRÈME FRAÎCHE ET RAJOUTER UNE BELLE CUILLÈRE DE CETTE CRÈME FOUETTÉE SUR CHAQUE PORTION DE BABA.

Les noisettes de chevreuil rôties,
poires au vin rouge, champignons des bois et *buewespaetzle*, jus corsé

Marché pour 6 personnes

Pour la base :

> 1 selle de chevreuil (180 g par personne)

—

Pour les poires au vin rouge :

- 6 poires
- ½ l de vin rouge
- 1 l de porto
- 2 bâtons de cannelle
- 1 clou de girofle
- 2 baies de genièvre
- 1 cuillère à café de macis
- 1 brindille de thym
- ¼ de feuille de laurier
- 10 grains de poivre noir
- 10 grains de poivre du Sichuan

—

Pour les *buewespaetzle* :

- 250 g de pommes de terre crues
- 250 g de pommes de terre cuites en robe
- 40 g de farine
- 3 œufs
- 1 dl de crème d'Échiré
- 2 échalotes ciselées
- 8 brindilles de persil
- quelques râpées de noix de muscade
- sel/poivre

—

Pour les cèpes :

- 400 g de cèpes
- 1 gousse d'ail en chemise
- 1 brindille de romarin
- huile d'olive

—

Pour le jus corsé (pour le dressage) :

- 5 dl de vin rouge
- 1 échalote ciselée
- 1 gousse d'ail
- 1 dl de fond de gibier

Une recette conçue dans ma cuisine étoilée, en pensant au goût de mon papa :

Préparation

Le chevreuil

→ DÉSOSSER, TAILLER EN NOISETTE LES FILETS (VOUS POUVEZ LE DEMANDER À VOTRE BOUCHER). CONFECTIONNER UN FOND DE CHEVREUIL (OU ACHETER UN FOND DANS UNE ÉPICERIE FINE).

La garniture

→ LAVER, ÉPLUCHER LES POIRES. LES RÉSERVER DANS DE L'EAU CITRONNÉE. FAIRE RÉDUIRE ¼ L DE VIN ROUGE, LE PORTO, LES ÉPICES, ET Y PLONGER LES POIRES. PORTER LE TOUT À ÉBULLITION, PUIS LAISSER REFROIDIR DANS LE JUS.

Les buewespaetzle

→ PRENDRE LES POMMES DE TERRE EN ROBE DES CHAMPS, LES ÉPLUCHER PUIS LES ÉCRASER À LA FOURCHETTE. AJOUTER 250 G DE POMMES DE TERRE CRUES RÂPÉES FINEMENT, LES ÉCHALOTES CISELÉES (QUE L'ON AURA FAIT SUER AU PRÉALABLE), LE PERSIL CISELÉ, LES ŒUFS ET LA FARINE. À L'AIDE D'UNE CUILLÈRE À SOUPE, FAIRE DES QUENELLES, LES POCHER DANS L'EAU BOUILLANTE SALÉE, LES RAFRAÎCHIR, PUIS LES COLORER À LA POÊLE. SALER, POIVRER ET AJOUTER LA MUSCADE. PORTER LA CRÈME D'ÉCHIRÉ À ÉBULLITION, PUIS NAPPER LES *BUEWESPAETZLE*.

Les cèpes

→ FAIRE REVENIR LES CÈPES COUPÉS EN DÉS DANS L'HUILE D'OLIVE, AVEC LA GOUSSE D'AIL ET LA BRINDILLE DE ROMARIN. PUIS LAISSER FRÉMIR À COUVERT PENDANT 5 BONNES MINUTES. RÉSERVER.

Dressage

→ RÔTIR LES NOISETTES DE CHEVREUIL, PUIS LES RÉSERVER AU CHAUD. DANS UNE POÊLE CREUSE, METTRE L'ÉCHALOTE CISELÉE ET LA GOUSSE D'AIL, DÉGLACER AU VIN ROUGE, LAISSER RÉDUIRE PUIS AJOUTER LE FOND DE CHEVREUIL ET MONTER AU BEURRE. SUR L'ASSIETTE, DISPOSER EN HAUT DE L'ASSIETTE UNE DEMI-POIRE EN ÉVENTAIL, UNE ÉCHALOTE, QUELQUES CÈPES. À PART, DANS UN JOLI POÊLON, LES *BUEWESPAETZLE*.

L'oie rôtie et farcie
à la façon de ma mère

Temps de cuisson : 5 h

Marché pour 6 à 8 personnes

> 1 oie de 3,5 à 4 kg

Pour la farce :

> graisse et foie de l'oie
> 4 foies de volaille
> 180 g de pain sec
> 20 cl de lait
> 300 g d'oignons
> 2 gousses d'ail
> 30 g de beurre
> 300 g de collet de porc
> 20 g de persil plat
> 2 œufs
> noix de muscade
> 1 cuillère à moka de quatre-épices
> sel/poivre

Pour la garniture aromatique :

> 50 g d'oignons
> 50 g de carottes
> 50 g de céleri
> 2 tiges de persil
> 2 gousses d'ail
> 1 brindille de thym
> ½ feuille de laurier
> 75 cl de jus de volaille
> sel/poivre

Pour l'accompagnement :

> 400 g de pommes de terre
> 400 g de champignons des bois (chanterelles et trompettes-de-la-mort)
> 4 fines tranches de lard
> 3 gousses d'ail
> ½ brindille de thym
> ½ feuille de laurier
> 30 g d'échalotes
> 20 g de persil plat
> 80 g de beurre
> 1 cuillère à café de gros sel
> poivre

→ À L'AIDE D'UN COUTEAU, RETIRER LE FIEL DU FOIE DE L'OIE ET DES FOIES DE VOLAILLE (OU DEMANDER AU VOLAILLER). RÉSERVER LE COU CONCASSÉ ET LES AILERONS. DANS UN SALADIER, IMBIBER LE PAIN DE LAIT.

→ HACHER LES OIGNONS ET L'AIL. FAIRE REVENIR DOUCEMENT DANS UNE POÊLE AVEC LE BEURRE, SANS CESSER DE REMUER JUSQU'À CE QUE LE MÉLANGE DEVIENNE TRANSPARENT ET BLOND. COMPTER 20 À 30 MIN.

→ PASSER AU HACHOIR LES MORCEAUX DE COLLET DE PORC, LES OIGNONS, L'AIL, LE PAIN TREMPÉ, LES FOIES DE VOLAILLE, LA GRAISSE ET LE FOIE D'OIE.

→ ÉQUEUTER ET HACHER LE PERSIL PLAT PUIS BATTRE LES ŒUFS. INCORPORER AU HACHIS AVEC UNE SPATULE. SALER, POIVRER, AJOUTER LE QUATRE-ÉPICES ET UN PEU DE NOIX DE MUSCADE RÂPÉE. GOÛTER ET RECTIFIER L'ASSAISONNEMENT AU BESOIN. RÉSERVER CETTE FARCE.

→ PRÉCHAUFFER LE FOUR À 200 °C. SALER, POIVRER L'INTÉRIEUR ET L'EXTÉRIEUR DE L'OIE. REMPLIR DE FARCE.

→ COUDRE CHAQUE EXTRÉMITÉ DE L'OIE DE MANIÈRE À MAINTENIR LES PATTES ET LES AILES LE LONG DU CORPS PENDANT LA CUISSON, EN PASSANT LA FICELLE SOUS LES AILERONS, PUIS EN LA REMONTANT SUR LES PATTES. BIEN SERRER ET NOUER.

→ FAIRE REVENIR L'OIE EN COCOTTE SUR TOUTES SES FACES, À FEU MOYEN, PENDANT ENVIRON 15 MIN AVEC UN PEU DE GRAISSE PRÉLEVÉE SUR L'OIE. AJOUTER LE COU CONCASSÉ ET LES AILERONS. ENFOURNER À 200 °C ET LAISSER CUIRE À PEU PRÈS 30 MIN. ARROSER FRÉQUEMMENT.

→ PRÉPARER LA GARNITURE AROMATIQUE : TAILLER LES CAROTTES, LES OIGNONS ET LE CÉLERI. RÉPARTIR DANS LA COCOTTE AUTOUR DE L'OIE AVEC LE PERSIL, LE THYM, L'AIL ET LE LAURIER. CUIRE 15 MIN.

→ DÉGLACER AVEC LE JUS DE VOLAILLE OU DE L'EAU À MI-HAUTEUR DE L'OIE. POURSUIVRE LA CUISSON PENDANT 3 H 30 À 150 °C, EN ARROSANT FRÉQUEMMENT AVEC LE JUS DE CUISSON. RECOUVRIR DE PAPIER ALUMINIUM À MI-CUISSON, LORSQUE L'OIE EST DORÉE ET BRILLANTE.

→ SORTIR L'OIE DE LA COCOTTE ET PASSER LE JUS AU CHINOIS. LAISSER RÉDUIRE JUSQU'À OBTENIR 25 CL DE JUS. RECTIFIER L'ASSAISONNEMENT, DÉGRAISSER ET RÉSERVER.

→ HACHER L'ÉCHALOTE ET L'AIL. FAIRE REVENIR DANS UNE POÊLE DANS 40 G DE BEURRE. AJOUTER LES CHAMPIGNONS ET POURSUIVRE LA CUISSON PENDANT 5 MIN ENVIRON. SALER ET POIVRER.

→ COUPER LES POMMES DE TERRE ET LE LARD EN MORCEAUX. FAIRE REVENIR DANS UNE POÊLE AVEC DU BEURRE, THYM ET LAURIER. AJOUTER LES CHAMPIGNONS, L'ÉCHALOTE, L'AIL ET LE PERSIL CISELÉ. LAISSER CUIRE PENDANT 5 À 10 MIN. SALER ET POIVRER. SERVIR UN MORCEAU D'OIE ET DE FARCE AVEC UN PEU DE LÉGUMES. NAPPER DE JUS.

La cocotte de légumes de saison
au lard fumé

Marché pour 4 personnes

> 400 g de carottes
> 400 g de pommes de terre
> 400 g de courgettes
> 400 g de haricots verts
> 200 g de petits pois frais
> 2 tomates
> 6 branches de persil plat
> 2 oignons
> 2 gousses d'ail
> 600 g de lard fumé
> 6 cuillères à soupe d'huile d'olive
> le jus d'un citron jaune
> de l'eau
> sel, poivre

Cette cocotte peut se réaliser en toutes saisons avec les légumes du moment, c'est avant tout une technique de cuisson et un style de goût.

Préparation

→ ÉPLUCHER, LAVER ET COUPER EN MORCEAUX ET RÉSERVER PAR FAMILLE DE LÉGUMES. ÉCOSSER LES PETITS POIS ET COUPER LES DEUX EXTRÉMITÉS DES HARICOTS VERTS. ÉPLUCHER PUIS HACHER LES OIGNONS, LES GOUSSES D'AIL, LE PERSIL EN LES RÉSERVANT PAR FAMILLE DE PRODUITS. COUPER 4 MORCEAUX DE LARD FUMÉ ET RÉSERVER. PRESSER LE JUS DE CITRON ET RÉSERVER.

→ DANS DE L'EAU BOUILLANTE, PLACER LES 2 TOMATES, ENLEVER LA CASSEROLE DU FEU. APRÈS 2 MIN, SORTIR LES TOMATES, LES RÉSERVER SUR UNE PLANCHE POUR LES ÉPLUCHER PLUS TARD.

→ DANS UNE COCOTTE EN FONTE, METTRE 6 CUILLÈRES À SOUPE D'HUILE D'OLIVE, FAIRE RISSOLER À FEU VIF PENDANT 5 MIN. SALER, POIVRER. PUIS BAISSER LÉGÈREMENT LE FEU, ET Y AJOUTER LES LÉGUMES LES PLUS CROQUANTS, SOIT D'ABORD LES CAROTTES, MÉLANGER, PUIS LAISSER CUIRE 2-3 MIN À FEU COUVERT.

→ AJOUTER ENSUITE LES POMMES DE TERRE, MÉLANGER, PUIS LAISSER CUIRE 2-3 MIN À FEU COUVERT.

→ AJOUTER LE LARD AUX CAROTTES ET POMMES DE TERRE, AUGMENTER LE FEU ET MÉLANGER LE TOUT EN SURVEILLANT PENDANT 2-3 MIN, AJOUTER UNE PINCÉE DE SEL ET DEUX TOURS DE MOULIN À POIVRE, PUIS MÉLANGER ENCORE. AJOUTER LES COURGETTES ET MÉLANGER ENCORE.

→ METTRE LA COCOTTE SUR FEU DOUX, AJOUTER DE L'EAU JUSQU'AU NIVEAU DES LÉGUMES ET DU LARD. LAISSER MIJOTER À COUVERT PENDANT UNE DEMI-HEURE.

→ ÉPLUCHER LES TOMATES ET LES COUPER EN MORCEAUX. AU BOUT DE LA DEMI-HEURE DE CUISSON, ENLEVER LE COUVERCLE, AJOUTER SANS REMUER LES TOMATES, LES HARICOTS VERTS ET LES PETITS POIS. PORTER LE TOUT À ÉBULLITION SANS COUVRIR PENDANT 5 MIN, PUIS À FEU DOUX PENDANT UN QUART D'HEURE.

La tarte à la crème
façon maman Westermann

Marché pour 6 à 8 personnes

Pour 500 g de pâte à *kugelhopf* (brioche alsacienne) :

> 500 g de farine
> 16 g de levure de boulanger fraîche
> 3 cuillères à soupe de lait
> 60 g de sucre semoule
> 4 œufs
> 1 pincée de sel fin

Pour la tarte à la crème :

> 50 g de beurre
> 1 dl de crème double
> 60 g de sucre
> 1 paquet de sucre vanillé
> 1 cuillère à café de cannelle

« Ma maman faisait cette tarte le samedi après-midi et elle devait en principe être mangée au petit déjeuner le dimanche matin. Elle a rarement passé la nuit tellement elle était bonne... » Antoine Westermann.

Préparation

La pâte à *kugelhopf*

→ DÉLAYER LA LEVURE DANS LE LAIT TIÈDE. DANS UNE BASSINE, RASSEMBLER LES INGRÉDIENTS DANS L'ORDRE SUIVANT : FARINE, SEL FIN, SUCRE SEMOULE, ŒUFS ET LEVURE DÉLAYÉE. MÉLANGER VIVEMENT ET BATTRE LA PÂTE PENDANT UNE DIZAINE DE MINUTES EN LA SOULEVANT AVEC LA MAIN JUSQU'À CE QU'ELLE SOIT LISSE ET ÉLASTIQUE. AJOUTER ENSUITE LE BEURRE RAMOLLI ET CONTINUER À TRAVAILLER LA PÂTE JUSQU'À CE QU'ELLE SE DÉCOLLE AISÉMENT DES MAINS. PLACER LA PÂTE LEVÉE DANS UNE TOURTIÈRE (DIAMÈTRE 25 À 30CM) PRÉALABLEMENT BEURRÉE, COUVRIR D'UN LINGE HUMIDE ET LAISSER LEVER UNE TRENTAINE DE MINUTES ENVIRON DANS UN ENDROIT TIÈDE. AJOUTER ENSUITE LE BEURRE RAMOLLI ET CONTINUER À LA TRAVAILLER UNE TRENTAINE DE MINUTES ENVIRON DANS UN ENDROIT TIÈDE.

La tarte à la crème

→ AVANT DE METTRE AU FOUR, APPUYER VOTRE POUCE SUR LA PÂTE, À DIFFÉRENTS ENDROITS, POUR CRÉER DES CAVITÉS. MÉNAGER UN REBORD, PUIS RÉPARTIR SUR LA SURFACE LA CRÈME, LE SUCRE, LE SUCRE VANILLÉ ET DES NOISETTES DE BEURRE. SAUPOUDRER DE CANNELLE. CUIRE À FOUR MOYEN PENDANT ENVIRON 30MIN.

Les légumes de saison
en vinaigrette truffée (version printemps)

Marché pour 4 personnes

Pour la base :

> 8 pièces de carottes fanes
> 12 pièces de brocoli
> 12 pièces de chou-fleur
> 12 pièces d'asperges vertes
> 12 pièces d'oignons nouveaux
> 8 pièces de poireaux « crayon »
> 100 g de petits pois
> 12 pièces d'oignons nouveaux
> 12 pétales de fenouil
> 12 pièces de petits radis roses
> 4 cœurs d'artichaut
> ½ citron

Pour la garniture :

> 2 pièces d'asperges vertes crues
> 2 cœurs d'artichaut cru
> 8 rubans taillés dans la peau des courgettes
> un mélange de salade de saison : laitue, frisée, roquette

Pour la vinaigrette :

> 1 l de fond blanc de volaille réduit à ¼ de litre
> jus d'½ citron
> 5 cuillères à soupe d'huile de truffe
> 30 g de truffes hachées
> sel
> poivre au moulin

Une recette conçue dans ma cuisine étoilée, en pensant au goût de ma maman :

Préparation

→ LAVER PUIS COUPER TOUS LES LÉGUMES SUR UNE ÉPAISSEUR APPROXIMATIVE D'1 CM. CUIRE LES DIFFÉRENTS LÉGUMES À L'EAU BOUILLANTE FORTEMENT SALÉE PENDANT 20 MIN ENVIRON POUR LES GARDER CUITS MAIS CRAQUANTS. RAFRAÎCHIR RAPIDEMENT DANS L'EAU GLACÉE ET FAIRE ÉGOUTTER SUR UN LINGE. DANS UNE CASSEROLE LARGE ET BASSE, FAIRE FRÉMIR LE ¼ DE LITRE DE FOND BLANC DE VOLAILLE. AJOUTER LES DIFFÉRENTS LÉGUMES AU FOND BLANC, MÉLANGER ET LAISSER RÉDUIRE QUELQUES MINUTES. RETIRER DU FEU. AJOUTER ENSUITE LE JUS DU DEMI-CITRON ET RECTIFIER L'ASSAISONNEMENT AVEC LE SEL ET LE POIVRE. PUIS VERSER LES ¾ DE LA VINAIGRETTE TRUFFÉE ET MÉLANGER DOUCEMENT.

Présentation

→ DISPOSER HARMONIEUSEMENT EN BOUQUET LES DIFFÉRENTS LÉGUMES DANS UNE ASSIETTE CREUSE. TAILLER FINEMENT LES 2 ASPERGES VERTES ET LES CŒURS D'ARTICHAUTS EN FINES LAMELLES. MÉLANGER LES DIFFÉRENTES SALADES ET HERBES AVEC DE LA VINAIGRETTE TRUFFÉE ET EN DISPOSER AU-DESSUS DES LÉGUMES AU CENTRE DE L'ASSIETTE.

La soupe d'huîtres
aux poireaux et aux pommes de terre

Marché pour 4 personnes

> 20 huîtres n° 2
> ½ l de bouillon de légumes
> 1 cuillère à soupe de crème double
> 20 g de beurre
> 300 g de poireaux fins
> 300 g de pommes de terre
> 20 g de ciboulette hachée
> sel
> poivre du moulin

Préparction

→ ÉPLUCHER ET LAVER LES POMMES DE TERRE, PUIS LES TAILLER EN PETITS CUBES D'UN DEMI-CENTIMÈTRE DE CÔTÉ. COUPER LE VERT DES POIREAUX POUR NE CONSERVER QUE LES BLANCS. LES LAVER PLUSIEURS FOIS ET LES DÉTAILLER EN DÉS DE LA MÊME GROSSEUR QUE LES CUBES DE POMME DE TERRE. FAIRE CUIRE SÉPARÉMENT LES CUBES DE POMME DE TERRE ET LE POIREAU ÉMINCÉ À L'EAU BOUILLANTE SALÉE PENDANT 5 MIN. RAFRAÎCHIR ET ÉGOUTTER.

→ OUVRIR LES HUÎTRES, LES DÉTACHER DE LEUR COQUILLE ET VERSER LEUR EAU À TRAVERS UNE PASSOIRE FINE DANS UN BOL. RÉSERVER L'EAU ET LES HUÎTRES À PART.

→ DANS UNE CASSEROLE, FAIRE BOUILLIR LE BOUILLON DE LÉGUMES, Y INCORPORER LA CRÈME DOUBLE ET L'EAU DES HUÎTRES (EN CONSERVER UN PEU POUR LA FINITION), PUIS INCORPORER AU FOUET LE BEURRE EN MORCEAUX. RECTIFIER L'ASSAISONNEMENT.

Finition

→ FAIRE TIÉDIR LÉGÈREMENT LES HUÎTRES DANS UN PEU DE LEUR EAU. RÉCHAUFFER LES CUBES DE POMME DE TERRE ET DE POIREAU. RÉPARTIR LES HUÎTRES ET LA GARNITURE DE LÉGUMES DANS DES ASSIETTES CREUSES. MIXER LE BOUILLON POUR RENDRE MOUSSEUX PUIS LE VERSER DANS LES ASSIETTES. PARSEMER DE CIBOULETTE HACHÉE.

La poularde de Bresse cuite en *bäekeofe*, aux pommes de terre bintje, artichauts, citron confit, romarin et riesling

Marché pour 4 personnes (gros mangeurs !)

Pour la base :

> 1 poularde de Bresse (1,8 kg, vidée, parée)
> 150 dl de fond blanc de volaille
> 100 dl de riesling
> 50 dl de fond brun de volaille
> 2 cuillères à soupe d'huile d'olive
> sel
> poivre

Pour le sirop :

> 40 g de sucre
> 10 dl d'eau

Pour la pâte à luter :

> 500 g de farine
> 1,7 dl d'eau chaude
> 5 g de sel
> 1 jaune d'œuf

Pour la garniture :

> 600 g de pommes de terre bintje
> 4 pièces d'artichaut
> 10 pièces d'oignons grelots
> 6 gousses d'ail
> 4 tomates émondées, épépinées
> ¼ de citron confit blanchi
> jus d'1 citron
> 3 brindilles de thym
> 2 brindilles de romarin
> 10 feuilles de persil plat
> 1 dl d'huile d'olive
> sel
> poivre

Le mode de cuisson en cocotte de terre cuite se retrouve apparemment dans tous les pays d'Europe sous des formes et des décorations différentes.

Préparation

La pâte à luter

→ Mélanger la farine, l'eau chaude et le sel au batteur ou, à défaut, à la main. Laisser reposer au frais.

La garniture

→ Couper la queue des artichauts en pliant la tige jusqu'à ce qu'elle se détache de la base et se casse : les fils viendront avec la tige. Avec un couteau bien tranchant, couper à plat l'extérieur du fond, puis retirer les feuilles. Parer le tour de l'artichaut, puis retirer le foin pour ne conserver que le fond. Le citronner pour l'empêcher de noircir, même s'il est utilisé immédiatement.

→ Éplucher les oignons, les gousses d'ail (garder la chemise) et les pommes de terre. Retirer le pédoncule des tomates, les plonger 10 à 15 s dans l'eau bouillante salée. Les rafraîchir, enlever la peau et détailler les quartiers en retirant la pulpe. Trier, laver et égoutter les feuilles de persil plat, les brindilles de thym et de romarin. Rincer plusieurs fois sous l'eau froide le citron confit et prélever le zeste sans la partie blanche, détailler en gros carrés. Porter le sirop à ébullition puis plonger quelques minutes les carrés de citron confit.

→ Dans une grande sauteuse, faire revenir à l'huile d'olive les pommes de terre puis les artichauts, les oignons, les gousses d'ail pendant 4 à 5 min. Saler, poivrer. Dans la terrine à *bäekeofe*, mettre les pommes de terre, artichauts, oignons, gousses d'ail, les quartiers de tomates et les herbes aromatiques. Placer la poularde au centre, verser le fond blanc, le fond brun et le riesling. Saler, poivrer à nouveau. Rajouter les 2 cuillères à soupe d'huile d'olive.

Cuisson

→ Mettre le couvercle puis fermer hermétiquement avec la pâte à luter. À l'aide d'un pinceau, dorer la pâte avec le jaune d'œuf. Enfourner dans un four chaud à 250 °C pendant 55 min.

Finition

→ Retirer la terrine à *bäekeofe* du four et laisser reposer 5 min. Retirer la pâte avant de servir.

Les *schniederspäetle*
et les cuisses de grenouille poêlées au cerfeuil

Marché pour 4 personnes

Pour la base :
> farine pour enrober les cuisses de grenouille
> 800 g de cuisses de grenouille
> 1 gousse d'ail
> 2 échalotes
> 2 x 30 g de beurre pour la cuisson des grenouilles
> 1 dl de vin blanc (riesling) (ingrédient non présent dans la préparation

Pour le fond de grenouille :
> ½ botte de cerfeuil (queues)
> bouquet garni (feuille de laurier, brindille de thym)
> 2 dl de fond blanc de volaille ou bouillon de légumes
> ½ dl de noilly prat
> sel
> poivre

Pour la pâte à *schniederspäetle* :
> 200 g de farine
> 2 œufs
> sel

Pour la farce des *schniederspäetle* :
> 200 g d'oignons
> 1 dl + 1 dl de crème double
> ½ dl de vinaigre Melfor
> 20 g de beurre
> fanes d'oignons
> ½ botte de cerfeuil (feuilles)
> sel
> poivre

Préparation

→ Préparer le fond de grenouille avec les queues de cerfeuil, le bouquet garni, le fond blanc de volaille ou le bouillon de légumes et le vin blanc. Éplucher et émincer les échalotes et la gousse d'ail. Détacher les pattes de la colonne vertébrale. Désosser les cuisses (fémur) en prenant soin de laisser la chair accrochée au niveau de l'attache du tibia, puis détacher les muscles sur le tibia et les rabattre. Concasser les os des grenouilles, les faire revenir dans 30 g de beurre jusqu'à obtention d'un ½ dl de fond de cuisson. Passer le fond au chinois puis réserver.

→ Confectionner la pâte à *schniederspäetle*. Mélanger à la main ou au batteur les 200 g de farine, les œufs et le sel. Laisser reposer 1 h au frais dans du papier film. Préparer la farce à *schniederspäetle*. Faire revenir au beurre les oignons émincés pendant 20 min sans coloration. Saler, poivrer puis mouiller avec ½ dl de vinaigre Melfor et laisser étuver doucement 20 min à feu doux. Ajouter 1 dl de crème double et continuer la cuisson pendant 15 min. Rectifier l'assaisonnement et laisser refroidir.

→ Étaler la pâte à *schniederspäetle* le plus fin possible à l'aide d'un rouleau à pâtisserie ou d'un petit laminoir. Diviser la pâte abaissée en 2 moitiés. Badigeonner à l'eau avec 1 pinceau une première abaisse, puis disposer à intervalles réguliers la valeur d'une cuillère à café de farce à *schniederspäetle*. Recouvrir avec la seconde abaisse. Souder bien et découper à l'aide d'un emporte-pièce rond (4 cm de diamètre). Cuire les *schniederspäetle* à l'eau bouillante salée, puis égoutter.

→ Équeuter, laver et hacher les feuilles de la ½ botte de cerfeuil et émincer finement les fanes d'oignons. Disposer 16 *schniederspäetle* dans une plaque, les recouvrir de 1 dl de crème double, saler et poivrer. Faire mousser 30 g de beurre. Saler, poivrer et fariner les cuisses de grenouille, puis les dorer au beurre mousseux (environ 4 min).

Finition

→ Chauffer au four les *schniederspäetle* recouverts de crème puis réchauffer le fond de grenouille, hors du feu, incorporer les cerfeuils hachés. Disposer les grenouilles nappées du fond de grenouille au cerfeuil en arc-en-ciel et, à l'opposé, les *schniederspäetle* surmontés de fanes d'oignons émincés.

Le homard rôti,
fondue d'oignons, pommes et raisins aux épices, jus de crustacés

Marché pour 4 personnes

Pour la base :

> 4 homards vivants de 450 g pièce
> 2 échalotes
> 1 tomate
> 1 bouquet garni
> 1 dl d'eau ou de bouillon de volaille
> 2 l de court-bouillon
> 1 dl de jus de crustacés
> 50 g de beurre
> sel
> poivre

Pour la garniture :

> 300 g d'oignons nouveaux
> 2 pommes type boscop
> 30 g de raisins secs
> 100 g de beurre
> 1 cuillère à café de mélange d'épices type Raz el-Hanout
> sel
> poivre

Préparation

→ SÉPARER LES QUEUES ET LES PINCES DES HOMARDS. PLONGER AU COURT-BOUILLON PENDANT 4 MIN LES QUEUES ET PENDANT 2,5 MIN LES PINCES. RETIRER ET DÉCORTIQUER. RÉSERVER LE CORAIL DES HOMARDS. AVEC LES CARCASSES CONCASSÉES, CONFECTIONNER UN JUS DE CRUSTACÉS EN LES FAISANT REVENIR AU BEURRE AVEC LES ÉCHALOTES HACHÉES, LA TOMATE COUPÉE EN GROS DÉS, LE BOUQUET GARNI ET 1 DL D'EAU OU DE BOUILLON DE VOLAILLE AU CHOIX. SALER, POIVRER. LAISSER SUER PENDANT 15 MIN ET RÉDUIRE DES 3/4.

→ ÉPLUCHER ET TAILLER FINEMENT LES OIGNONS NOUVEAUX. FAIRE GONFLER LES RAISINS SECS À L'EAU TIÈDE PUIS LES COUPER EN DEUX. ÉPLUCHER ET TAILLER EN PETITE BRUNOISE LES DEUX POMMES. FAIRE REVENIR DANS UNE POÊLE AU BEURRE ET SANS COLORATION LES OIGNONS NOUVEAUX. AJOUTER LE SEL, LE POIVRE, LES ÉPICES PUIS RÉSERVER. DANS UNE SAUTEUSE, FAIRE REVENIR AU BEURRE ET SANS COLORATION LA BRUNOISE DE POMMES PENDANT 10 MIN.

→ MÉLANGER LES 2 PRÉPARATIONS OIGNONS, POMMES ET RAISINS. RÉSERVER. FAIRE REVENIR À LA POÊLE LES QUEUES ET LES PINCES DE HOMARD AU BEURRE. PUIS LES TAILLER EN MORCEAUX.

Finition

→ DRESSER AU CENTRE DE L'ASSIETTE LA FONDUE D'OIGNONS, LA BRUNOISE DE POMMES ET LES RAISINS SECS. DISPOSER LES MORCEAUX DE HOMARD DESSUS ET RÉPARTIR LE JUS DE CRUSTACÉS AUTOUR.

Le *strudel* de petits maquereaux
à la mousse de légumes en vinaigrette au vin blanc

Marché pour 4 personnes

Pour la pâte à *strudel*:

> 250 g de farine
> 1 jaune d'œuf
> 5 g de sel fin
> 20 cl d'huile d'arachide
> 12,5 dl d'eau
> ½ dl d'huile pour enduire la pâte
> 20 g de beurre fondu
> 10 g d'épices moulues (coriandre, cumin, girofle, quatre-épices)

Pour la garniture :

> 60 g de poivron rouge
> ½ dl d'huile d'olive
> ½ brindille de thym
> ½ feuille de laurier
> 50 g d'olives noires dénoyautées
> 70 g d'oignons nouveaux (fanes)
> sel
> poivre

Pour les maquereaux et la mousse de légumes :

> 500 g de filets de maquereau levés et désarêtés par votre poissonnier)
> 1,5 dl de vin blanc
> 100 g de carottes
> 70 g d'oignons nouveaux (bulbes)
> 2 gousses d'ail
> 30 g de céleri branche
> 1 poireau fin
> 1 bouquet garni (3 tiges de persil plat, 4 feuilles de coriandre, 4 feuilles de céleri, 1 clou de girofle, ½ brindille de thym)
> ½ dl d'huile d'olive
> sel
> poivre

Préparation

→ PRÉPARER LA PÂTE À *STRUDEL*. PÉTRIR LA FARINE, LE JAUNE D'ŒUF, LE SEL, L'HUILE ET L'EAU PENDANT 10 MIN JUSQU'À OBTENTION D'UNE PÂTE LISSE ET ÉLASTIQUE. LA RAMASSER EN BOULE, PUIS L'ENDUIRE AVEC ½ DL D'HUILE AFIN DE BIEN L'ISOLER DE L'AIR. LAISSER REPOSER AU MINIMUM 6 H AU RÉFRIGÉRATEUR.

→ ÉPONGER LA PÂTE POUR ÔTER L'HUILE. DANS UN ENDROIT FRAIS, L'ÉTALER FINEMENT AU ROULEAU SUR UN LINGE LÉGÈREMENT FARINÉ, PUIS, À L'AIDE DU DOS DE LA MAIN, L'ÉTIRER SOIGNEUSEMENT EN PARTANT DU CENTRE : ELLE DOIT ÊTRE FINE COMME DU PAPIER À CIGARETTE. À L'AIDE D'UN PINCEAU, BADIGEONNER LA PÂTE AVEC LE BEURRE FONDU ET LA SAUPOUDRER DU MÉLANGE D'ÉPICES MOULUES. DÉTAILLER DE GRANDS TRIANGLES, POSER SUR UNE PLAQUE ET CUIRE AU FOUR À 200 °C PENDANT 7 MIN.

→ PRÉPARER LA GARNITURE. ÉPLUCHER ET COUPER LE POIVRON ROUGE EN GROS CUBES. FAIRE CONFIRE AU FOUR À 100 °C PENDANT 30 MIN AVEC ½ DL D'HUILE D'OLIVE, LA ½ BRINDILLE DE THYM ET LA FEUILLE DE LAURIER. SALER, POIVRER. COUPER LES OLIVES NOIRES EN CUBES ET ÉMINCER FINEMENT LES FANES DES OIGNONS NOUVEAUX. RÉSERVER LES BULBES POUR LA MOUSSE DE LÉGUMES.

→ ÉPLUCHER, LAVER ET ÉMINCER LES LÉGUMES. DANS UNE POÊLE PROFONDE, LES CUIRE SANS COLORATION AVEC ½ DL D'HUILE D'OLIVE PENDANT 4 MIN, PUIS AJOUTER LE BOUQUET GARNI ET MOUILLER AVEC LE VIN BLANC ET 1,5 DL D'EAU. SALER, POIVRER ET PORTER À ÉBULLITION JUSQU'À CE QUE LES LÉGUMES SOIENT BIEN CUITS. RETIRER LES LÉGUMES, GARDER LE FOND DANS LA POÊLE ET PLACER LES FILETS DE MAQUEREAU PRÉALABLEMENT DÉCOUPÉS EN DEUX. LAISSER FRÉMIR PENDANT 2 À 3 MIN, PUIS LES RÉSERVER. RÉDUIRE LES LÉGUMES EN PURÉE ET, PAR AILLEURS, RECTIFIER L'ASSAISONNEMENT DU FOND.

Finition

→ AU CENTRE DES ASSIETTES, DRESSER EN ALTERNANT FILETS DE MAQUEREAU, MOUSSE DE LÉGUMES ET TRIANGLES DE PÂTE À *STRUDEL*. ENTOURER DE POIVRONS ROUGES CONFITS, D'OLIVES NOIRES EN CUBES ET DE FANES D'OIGNONS NOUVEAUX ÉMINCÉS. VERSER AUTOUR LE FOND DE CUISSON DES MAQUEREAUX AVEC UN FILET D'HUILE D'OLIVE.

Le ris de veau rôti
aux croûtons, oignons rouges et cassolette de légumes de saison

Marché pour 4 personnes

Pour la base :

> 700 à 800 g de ris de veau
> 4 tranches de pain de mie
> 4 œufs
> 200 dl de vin blanc
> 600 dl de fond de veau
> 160 g de beurre clarifié
> 1 cuillère à soupe d'échalotes ciselées
> sel
> poivre

Pour la garniture :

> 8 pièces d'oignons rouges
> 24 pièces de carottes fanes
> 24 pièces d'oignons nouveaux
> 24 pièces d'oignons fanes
> 80 g de pousses d'épinard
> 80 g de fèves
> huile d'olive
> fond de veau
> ½ dl de vinaigre balsamique
> sel
> poivre

Préparation

Le ris de veau

→ BLANCHIR LE RIS DE VEAU PENDANT 5 MIN. LE RAFRAÎCHIR ET LE PELER. TAILLER DES CROÛTONS DE 1 CM³. PASSER UN CÔTÉ DU RIS DANS L'ŒUF, POSER SUR LES CROÛTONS ET CUIRE AU BEURRE CLARIFIÉ. FINIR LA CUISSON AU FOUR.

La sauce

→ DANS UNE POÊLE, RÉDUIRE LE VIN BLANC AVEC LES ÉCHALOTES CISELÉES. MOUILLER AVEC LE FOND DE VEAU. RÉDUIRE JUSQU'À CE QU'ON OBTIENNE UNE CONSISTANCE SIRUPEUSE. ASSAISONNER DE SEL ET DE POIVRE.

La garniture

→ COUPER LES OIGNONS ROUGES EN DEUX PUIS LES EFFILER. LES TAILLER EN PÉTALES. LES FAIRE REVENIR ENSUITE À L'HUILE D'OLIVE DANS UNE POÊLE JUSQU'À CE QU'ON OBTIENNE UNE LÉGÈRE COLORATION. PUIS, DÉGLACER AU VINAIGRE BALSAMIQUE. MOUILLER AVEC UN PEU DE FOND DE VEAU ET LAISSER CONFIRE À FEU DOUX. FAIRE REVENIR LES CAROTTES, LES OIGNONS ET LES CÉBETTES À L'HUILE D'OLIVE DANS UNE POÊLE EN FONTE (DE PRÉFÉRENCE). DÉGLACER AU VIN BLANC, LAISSER RÉDUIRE PUIS MOUILLER AU FOND DE VEAU. RAJOUTER LES FÈVES ET LES POUSSES D'ÉPINARD.

Présentation

→ COMPOSER UNE ROSACE AVEC LES OIGNONS ROUGES ET POSER LE RIS DE VEAU DESSUS. SERVIR AVEC LES LÉGUMES EN CASSOLETTE.

La brioche à la bière
et sa glace à la bière

Marché pour 4 personnes

Pour la brioche :

> 200 g de farine
> 25 g de sucre semoule
> 6 g de levure boulangère
> 5 g de sel
> 2 œufs
> 1 cuillère à soupe de lait
> 80 g de beurre

Pour la finition de la brioche :

> 2 dl de bière
> 20 g de cassonade
> 2 œufs

Pour la glace à la bière :

> 4 jaunes d'œuf
> 100 g de sucre semoule
> 25 cl de bière
> 25 cl de crème liquide

Préparation

La brioche

→ À PRÉPARER LA VEILLE ! DANS LE BOL D'UN ROBOT MÉNAGER, METTRE LA FARINE, LE SUCRE, LE SEL, LA LEVURE, LES ŒUFS ET LE LAIT TIÈDE. MÉLANGER À VITESSE MOYENNE DURANT UNE DIZAINE DE MINUTES, JUSQU'À CE QUE LA PÂTE SOIT LISSE ET LÉGÈREMENT ÉLASTIQUE. À CE MOMENT, INCORPORER LE BEURRE EN MORCEAUX ET CONTINUER DE PÉTRIR À LA MÊME VITESSE PENDANT 10 MIN. POSER LA PÂTE DANS UN GRAND SALADIER, PUIS COUVRIR D'UN LINGE HUMIDE ET LAISSER REPOSER AU RÉFRIGÉRATEUR ENVIRON 4 H.

→ ROMPRE ENSUITE LA PÂTE POUR QU'ELLE RETROUVE SON VOLUME INITIAL EN LA REPLIANT PLUSIEURS FOIS SUR ELLE-MÊME. FAÇONNER UN BOUDIN AVEC LA PAUME DE LA MAIN ET LE POSER DANS UN MOULE RECTANGULAIRE PRÉALABLEMENT BEURRÉ. REFAIRE « POUSSER » (LEVER) LA PÂTE À TEMPÉRATURE AMBIANTE ET, LORSQU'ELLE A DOUBLÉ DE VOLUME METTRE AU FOUR THERMOSTAT 6/7 (200 °C) PENDANT ENVIRON 30 MIN. VÉRIFIER LA CUISSON À L'AIDE DE LA POINTE D'UN COUTEAU.

→ DÉMOULER LA BRIOCHE SUR UNE GRILLE, LAISSER REFROIDIR ET DÉCOUPER 4 BELLES TRANCHES DE 1,5 CM D'ÉPAISSEUR. RÉSERVER JUSQU'AU LENDEMAIN.

La glace à la bière

→ FOUETTER LES JAUNES D'ŒUF ET LE SUCRE JUSQU'À CE QUE LE MÉLANGE SOIT BIEN BLANC. AMENER À ÉBULLITION LA CRÈME ET LA BIÈRE ET VERSER BOUILLANT SUR LE MÉLANGE JAUNES D'ŒUF ET SUCRE TOUT EN FOUETTANT, PUIS REMETTRE DANS LA CASSEROLE. PORTER SUR LE FEU LORSQUE LA CRÈME NAPPE LE DOS DE LA SPATULE. REFROIDIR RAPIDEMENT POUR ARRÊTER LA CUISSON, PUIS VERSER DANS LA SORBETIÈRE.

Finition

→ MÉLANGER AVEC UN FOUET LES ŒUFS, LA BIÈRE ET LA CASSONADE. FAIRE TREMPER DANS CE MÉLANGE LES TRANCHES DE BRIOCHE, DES 2 CÔTÉS, PUIS LES FAIRE CARAMÉLISER À LA POÊLE. RETIRER ET RÉSERVER AU CHAUD. DISPOSER LA BRIOCHE AU CENTRE DE L'ASSIETTE ET LA QUENELLE DE GLACE À LA BIÈRE SOIT AU CENTRE DE LA BRIOCHE OU SUR LE CÔTÉ.

Différentes betteraves
cuisinées à la grecque, joues de lotte caramélisées aux épices

Marché pour 4 personnes

> 300 g de betteraves rouges
> 300 g de betteraves jaunes
> 300 g de betteraves blanches
> 100 g de betteraves rouges (râpées crues)
(Vous pouvez aussi n'utiliser que des betteraves rouges)
> 8 joues de lotte (à commander chez le poissonnier)
> 10 cl de vin blanc sec
> 10 cl de fond de volaille (à acheter en épicerie fine ou prendre une recette classique)
> 20 graines de coriandre
> 4 brindilles de coriandre fraîche
> curcuma
> 1 cuillère à soupe d'échalotes ciselées
> sel
> poivre

Préparation

→ ÉPLUCHER ET TAILLER EN QUARTIERS LES BETTERAVES. DANS UNE CASSEROLE, LES CUIRE DANS L'EAU SALÉE PENDANT ENVIRON 40 MIN. RÂPER 100 G DE BETTERAVES CRUES EN FINES LAMELLES PUIS CISELER LA CORIANDRE FRAÎCHE ET RÉSERVER.

→ POUR LA PRÉPARATION « À LA GRECQUE » ÉMINCER LES ÉCHALOTES. DANS UNE CASSEROLE, LES FAIRE SUER AVEC LA CORIANDRE EN GRAINS, AJOUTER LE VIN BLANC ET LE JUS DE VOLAILLE, PUIS LAISSER RÉDUIRE. ASSAISONNER ET RÉSERVER.

→ TAILLER EN PETITS MORCEAUX LES JOUES DE LOTTE ET LES FAIRE SAUTER À L'HUILE D'OLIVE AVEC LE SEL, LE POIVRE ET LE CURCUMA. PUIS RÉSERVER AU CHAUD. RÉCHAUFFER À FEU DOUX LES BETTERAVES DANS LA PRÉPARATION « À LA GRECQUE » PENDANT QUELQUES MINUTES AFIN QU'ELLES S'IMPRÈGNENT DU GOÛT DE LA SAUCE.

→ DRESSER LES BETTERAVES AVEC LE JUS, LES JOUES DE LOTTE, AJOUTER QUELQUES TRANCHES DE BETTERAVE CRUE SUR LE DESSUS ET DE LA CORIANDRE FRAÎCHE. VERSER UN BON FILET D'HUILE D'OLIVE AVANT DE SERVIR. CE PLAT SE MANGE TIÈDE EN ENTRÉE.

Endives braisées
aux noix et au citron vert, jus légèrement crémé et coquilles Saint-Jacques poêlées

Marché pour 4 personnes

> 130 g de noix de Saint-Jacques par personne
> 600 g d'endives
> 1 l de fumet de poisson (dans les grands magasins, en épicerie fine ou à faire soi-même selon une recette classique)
> 20 cl de vin blanc
> 1 citron vert
> 10 cerneaux de noix
> 10 cl de crème fraîche
> 40 g de beurre
> 1 cuillère à soupe de sucre
> huile d'olive
> sel
> poivre

Préparation

→ FAIRE RÉDUIRE DE 3/4 DE L DE FUMET DE POISSON AVEC 20 CL DE VIN BLANC. APRÈS LA RÉDUCTION, AJOUTER LA CRÈME FRAÎCHE, LE JUS DE CITRON VERT PUIS ASSAISONNER. TAILLER EN FINES JULIENNES 15 G D'ENDIVES. ASSAISONNER D'HUILE D'OLIVE, SEL, POIVRE, AJOUTER LES CERNEAUX DE NOIX ET RÉSERVER. TAILLER LES ENDIVES EN 4 DANS LA LONGUEUR. À CRU, FAIRE SAUTER LES ENDIVES, RÉDUIRE LE FEU ET LAISSER MIJOTER ENVIRON 20 MIN, PUIS AUGMENTER LE FEU ET AJOUTER LA CUILLÈRE À SOUPE DE SUCRE, FAIRE LÉGÈREMENT CARAMÉLISER PUIS RÉSERVER.

→ POÊLER LES NOIX DE SAINT-JACQUES À FEU VIF PENDANT QUELQUES MINUTES. DRESSER LES ENDIVES CARAMÉLISÉES AU CENTRE DE L'ASSIETTE. DISPOSER LES NOIX DE SAINT-JACQUES AU-DESSUS DES ENDIVES, PUIS RÉPARTIR LA SAUCE.

→ POUR FINIR, PLACER LES ENDIVES CRUES AU-DESSOUS DES ENDIVES CUITES ET DES SAINT-JACQUES. RÂPER UN ZESTE DE CITRON VERT AU-DESSUS DE CHAQUE ASSIETTE DRESSÉE.

VIKING
CAUTION-BEFORE CLEANING
REMOVE RACKS, PANS AND UTENSILS
REMOVE EXCESS SPILLAGE

«

J'aimerais rendre un profond hommage aux chefs qui ont accompagné ma vie de cuisinier jusque dans les étoiles. Ceux qui ont partagé ma passion et qui m'ont suivi dans mes idées et ma vision… Ceux avec qui j'ai eu de longues discussions en fin de service, assis sur le coin du piano, un verre de bière désaltérante à la main. Merci pour ces moments privilégiés où l'on refaisait le monde et la cuisine ! Je pense à tous ceux qui m'ont suivi dans les étoiles, avec courage, persévérance, confiance et fidélité. Ces belles rencontres sont gravées au plus profond de moi-même…

Merci aussi à ceux qui aujourd'hui m'escortent dans mes nouvelles aventures, mes loyaux chevaliers de la table Westermann, comme je me plais à les appeler. J'aime partager avec eux à la fois le travail et de jolies fêtes à table, ils sont mon bonheur aujourd'hui d'être cuisinier !

»

Antoine Westermann

Photographies : © Marie Clérin
sauf p. 17, 20, 23, 27, 30, 31, 32, 33,
46, 54, 57, 83, 92, 113, 139, 140, 141, 145 :
archives famille Westermann.

Imprimé en France par Pollina - L51563
Dépôt légal : octobre 2009
N° d'édition : 1070
INSB 978-2- 7491-1070-7

Crème glacée à la vanille pinot gris « Co

Sorbet aux gi

Châteauneuf-du-pape 1999, Vel

Cornas 1998, Paul Jaboulet

coteaux-du-languedoc, Domaine de l'Aiguelière

Jambon Persillé Paté en croûte

Mille-feuilles au kirsch

Cabillaud

arquis d'Angerville Crème glacée au caramel

Petits farcis à la provençale

puligny montrachet « Le

des légumes

Bandol blanc 2006, Domaine d

Bouchée à la reine de Drouant Paté

Tête de veau Foie